P...

...Ámame
Otra vez

Sane las relaciones heridas

JOHN **NIEDER** y
THOMAS M. **THOMPSON**

Unilit

Sepa

Publicado por
Unilit
Medley, FL 33166

© 1998 Editorial Unilit (Spanish translation)
Primera edición 1998
Primera edición 2016 (Serie Favoritos)

© 1991 por Harvest House Publishers
Originalmente publicado en inglés con el título:
Forgive and Love Again por John Nieder y Thomas M. Thompson.
Publicado por Harvest House Publishers
Eugene, Oregon 97402
www.harvesthousepublishers.com
Traducido con permiso.
Todos los derechos reservados.

Traducción: *Dardo Bruchez*
Diseño de la cubierta: *Ximena Urra*
Fotografía de la cubierta: © *2011 Steshkin Yevgeniy. Usada con permiso de*
Shutterstock.com.

Producto 497028 • ISBN 0-7899-2279-7 • ISBN 978-0-7899-2279-3

Impreso en Colombia
Printed in Colombia

Categoría: Vida cristiana /Vida práctica /Crecimiento espiritual
Category: Christian Living /Practical Life /Personal Growth

Gracias especiales...

A Marcia Jean Thompson y Teri Nieder, por practicar lo que sus maridos predican. Ustedes dos son grandes perdonadoras, y nosotros estamos agradecidos.

A Rod Anderson, por desafiar nuestro pensamiento, tanto bíblico como prácticamente. Tú eres un amado hermano.

A Greg Enos, por sus talentosos consejos y esfuerzos editoriales. Su contribución a este libro es extraordinaria.

A Lisa Allen, por su corazón servicial y distinguida perspectiva femenina. Su aliento y gracia ayudaron a que este libro se haga realidad.

A todo el grupo de oficina de *The Art of Familiy Living,* por hacer doble trabajo mientras este libro estaba siendo escrito. Vuestra dedicación al Señor y participación en este esfuerzo nos motivaron y desafiaron.

CONTENIDO

CONTENIDO

1

Esperanza para el corazón herido

Holly se sentó a la mesa de la cocina. Tenía con ella una *taza de café y un hoja de papel en blanco.* Brian ya se había ido a su trabajo, y los chicos estaban en la escuela. Holly estaba sola. Era el tiempo de escribir la carta. Sería algo difícil; se daba cuenta y sabía que iba a ser difícil, pero tenía que escribirla.

Planeó su pluma por encima del papel durante un momento lleno de pensamientos. Entonces escribió al tope del papel: "Querido papá. Tú te has ido a la eternidad ya por casi veinte años, y yo he estado enojada contigo casi todo este tiempo."

Holly hizo una pausa. Las palabras que acababa de escribir habían desatado una cantidad de patéticas memorias y sentimientos acerca de su padre. Hizo una mueca, pensando en aquel recio semblante que le había impedido mostrar cualquier afecto hacia ella cuando era niña. Buscó ver en su memoria algún momento en que su padre le hubiera dicho: "Te amo", o "Estoy orgulloso de ti." Pero todo lo que podía recordar eran aquellas penosas palabras de siempre: "Tú eres una fea criatura."

Recordó el tiempo cuando, siendo de siete años, su padre, entonces diácono de una iglesia, la castigó severamente en la espalda con una pala. Cuando vio el daño que le había hecho, consintió en llevarla al hospital, y le mintió al doctor acerca de los cortes y raspones en su cuerpo. Ella quedó pasmada al ver cómo su padre podía mentir con todo desparpajo y al mismo tiempo pasar por un hombre de Dios. No fue sino hasta mucho tiempo después que ella comprendió que su padre podría haber sido arrestado por abuso físico si hubiera dicho la verdad. *Han pasado 25 años, y las cicatrices físicas ya se han borrado, —pensó ella— pero aún después de tanto tiempo, siento todavía frescas las heridas emocionales.*

Holly sorbió un trago de café. Necesitaba fortificarse mientras recordaba cómo, siendo niña, deseaba que su padre se muriera, y aun había orado en ese sentido. Un mes después de ella cumplir doce años, su padre murió. *No te echo de menos a ti, papá —murmuró tristemente— pero sí echo de menos no haber tenido un padre.*

Holly pensó acerca de sus años de adolescencia y primera juventud, cuando permitió que varios hombres usaran de ella, esperando con ansia hallar el afecto y la aceptación que su padre nunca le había dado. Pensó una vez más, por la centésima vez, cuán diferente pudo haber sido su vida, si ella hubiera crecido con buenos pensamientos acerca de sí misma en vez de desear ser cualquier otra persona.

Holly suspiró profundamente. "Pero todo eso está por detrás de mí, ahora —se dijo para sí misma— Ahora estoy libre, papá, y solamente quiero decirte algo". Puso otra vez la pluma sobre el papel y escribió:

> Por favor, quiero que sepas que hoy abandono toda amargura y todo encono hacia ti. Dejo todo sentimiento de odio que he albergado tanto tiempo contra ti. Yo no puedo crecer en mi vida espiritual

y ser la persona que Dios quiere que sea, guardando tanta ira y resentimiento dentro de mí. Tengo que dejar que los mismos se vayan por completo. Papá, te perdono.

Muchas veces me he preguntado qué pasó en tu vida que te hizo tan amargado, tan odioso, tan desagradable y tan poco amoroso. Seguramente hubo un tiempo en que fuiste amoroso y estabas lleno de amor por otros y por Dios; me hubiera gustado conocer este lado tuyo.

Quizás ahora podría yo visitar tu tumba en el Día de los Difuntos o en el Día del Padre, y sentir que he perdido algo. Hasta el día de hoy, he ido a visitar tu tumba en esos días, porque eso era lo que se esperaba de mí. Aunque hace algunos pocos años decidí no ir nunca más. Sabía que iba a tomar algún tiempo hasta que mis sentimientos se ajustaran en mí y yo tomara la decisión de perdonarte. Pero ya he dejado ir mi pena y, por primera vez en mi vida, estoy empezando a sentirme libre.

Descansa en paz ahora, papá. Yo te amo.

Sanidad para las heridas

¿Qué es lo que usted hace cuando su espíritu ha sido herido y su corazón destrozado como fue el de Holly? Puede ser que su padre fuese un hombre duro, autoritario, que le diera a usted una regla disciplinaria, pero no una relación amorosa. Quizá su cónyuge le ha dejado a usted por otra persona. O puede ser que usted haya sido ofendido profundamente por un amigo. La herida está todavía allí. Y sangra.

¿Está su corazón lleno de pesadumbre? ¿Da usted vueltas y vueltas en la cama sin poder dormirse? ¿No puede usted dejar de pensar en lo que ha sucedido, y por qué ha sucedido, y cada pensamiento suyo está lleno de frustración, desesperación y dolor increíble? ¿Habrá solución para su insomnio y algo seguro para su sanidad mental? ¿Qué debe hacer usted para ser sanado?

Usted ya sabe que no hay cura fácil para la crisis devastadora que ocurre cuando uno ha sido maltratado. Si hubiera una simple solución, tal como una pastilla, ya alguien la hubiera patentado y de seguro se habría hecho millonario por las ganancias. Yo, por ejemplo, pagaría cualquier cosa por hallar alivio instantáneo cuando mi pobre alma es atormentada por los maliciosos hechos de otra persona.

¿Qué podemos hacer entonces para quitar de la memoria esas espinas que se nos clavan cada vez que pensamos acerca de esa persona? ¿Cómo podríamos secar ese mar de lágrimas, que fluyen de un inmenso océano de dolor dentro de nosotros?

El perdón es la llave que abre la puerta para nuestra paz, sanidad y habilidad de amar otra vez. Esto fue lo que Holly descubrió. No es una solución instantánea. Pero es la llave.

La idea de perdonar a alguien que nos ha herido puede ser tan perturbante como controversial. Aunque debiera ser una de las marcas distintivas del cristiano, pocos de nosotros sabemos lo que significa perdonar. Resulta algo trágico cuando usted considera que, en su oración modelo, el Padre nuestro, Jesús nos pidió perdonar a todos aquellos que nos hieren y ofenden. (Mateo 6:12,14-15). El Salvador nos enseñó a pedir por nuestro pan cotidiano, y también a extender a otros dosis diarias de perdón. Y nos advirtió que si fallamos en hacer esto, queda amenazada nuestra propia seguridad del perdón divino.

¿Por qué, entonces, está envuelta en tanto misterio la doctrina del perdón? Quizá porque nos cuesta mucho aceptar que Dios nos está pidiendo que hagamos algo que es al mismo tiempo absurdo e imposible.

Primero, porque desde la perspectiva humana, perdonar a otro parece categóricamente tonto. Usted ha sido herido. Entonces, ¿por qué no tiene el derecho de ir a cobrar lo que se le debe? Así procede todo el mundo, ¿no es cierto? Puede que sea así, pero ese no es el proceder de Dios.

Perdonar, también, parece algo imposible. Los garfios de acero de la ira, amargura y aun odio nos amarran a la ofensa y al ofensor. Ansiamos libertad, pero no hacemos nada para romper las cadenas hasta que llegamos finalmente a comprender lo que para Dios significa perdonar.

Preguntas arduas

La capacidad de perdonar es la buena tierra donde Dios alimenta nuestra sanidad emocional y nuestra habilidad de amar otra vez. Ha llegado el tiempo para que corramos la cortina, y veamos el perdón tal como Dios lo ve. Para lograr esto, tenemos que dar respuesta a algunas preguntas arduas y difíciles. Por ejemplo:

- ¿Puedo yo perdonar a alguien cuando no tengo ganas de perdonar?
- ¿Toma tiempo perdonar?
- ¿Voy a sentirme mejor una vez que haya yo perdonado?
- ¿Tengo necesidad de enfrentar a la persona que me ofendió?
- Perdonar a una persona, ¿significa que tengo que reasumir relaciones con ella como antes?
- ¿Debo perdonar a una persona que no desea ni busca mi perdón?
- ¿Cómo puedo perdonarme a mí mismo por las cosas que he hecho?
- Si los recuerdos de las cosas que pasaron todavía plagan mi mente, ¿cómo puedo hacer para quitarlos de mí?

¿Tiene usted respuesta para cada una de estas preguntas? Si así es, usted es una persona muy singular. La mayoría de nosotros estamos en medio de una niebla espiritual cuando consideramos el perdón, y si vamos a ser honestos respecto a ello, tendremos que admitir que nuestra vida lo va a reflejar.

En este libro vamos a tratar el asunto del perdón en dos pasos muy importantes.

Primero, tenemos que disipar la niebla acerca de qué es perdón, y qué no lo es. Usted necesita comprender por qué sus emociones a menudo resisten la idea de perdonar. Usted necesita saber cómo perdonar a aquellas personas que lo han herido. Y también necesita ver la importancia de perdonarse a sí mismo, tanto como perdona a otros. Vamos a cubrir estos tópicos en la Primera Parte: Eligiendo perdonar.

Segundo, necesitamos comprender qué es lo que sucede después que hemos perdonado.¿Cómo manejar esos dolorosos sentimientos que siguen a menudo, después de haber tomado la decisión de perdonar? ¿Cómo confrontar a la persona que lo ha herido a usted, para evitar que siga hiriendo a otros?¿Cuándo y cómo puede usted reconstruir una relación con la persona que lo ha herido? ¿Cómo trabaja la dinámica del perdón, aplicada a la relación única del matrimonio? Vamos a tratar estos problemas en la Segunda Parte: Aprendiendo a amar otra vez.

Pero, antes de dar comienzo a la Primera Parte, le invito a que usted tome algunas importantes decisiones iniciales.

Primero, *confíe en la Palabra de Dios.* Quite de usted toda idea preconcebida y abra su mente y corazón a lo que Dios tiene que decirle. Recuerde: "Porque los caminos de Jehová son rectos y los justos andarán por ellos; mas los rebeldes caerán en ellos." (Oseas 14:6. Versión Reina Valera, Revisión 60). Y sus pensamientos no son nuestros pensamientos (Isaías 55:8-9). No te conformes con lo que opina el hombre respecto al perdón. Esto le pertenece a Dios.

Segundo, *permita que el Espíritu Santo sea su consejero.* Él le va a mostrar a usted esas personas a quienes usted necesita perdonar, y le dará la habilidad para hacerlo. No con ejército, ni con fuerza, sino con mi Espíritu, ha dicho Jehová de los Ejércitos." (Zacarías 4:6. Misma versión)

Tercero, *espere que Dios haga una obra especial en su vida.* Dios no quiere que usted viva una vida llena de ataduras y trabas. Dios quiere verlo a usted libre de su propia cárcel de angustia y tribulación.

El Espíritu Santo tiene una manera de hacernos vivir el mismo mensaje que proclamamos. Al escribir este libro no hacemos una excepción. Tom Thompson, mi colaborador en The Art of Family Living (El arte de vivir en familia), y yo mismo, hemos verificado la verdad de todas las cosas que decimos en estas páginas. Aunque yo figuro como el escritor principal, Tom y yo hemos contribuido igualmente al contenido de este libro, y ambos juntamente hemos practicado los principios que ahora compartimos con usted. Esto no es una teológica torre de marfil, con frases hechas y clichés eclesiásticos. Nosotros sabemos, por experiencia propia, lo que el salmista quería significar cuando escribió "Los sacrificios de Dios son el espíritu quebrantado, al corazón contrito y humillado no despreciarás tú, oh Dios." (Salmo 51:17).

¿Hay algo que se levanta entre usted y su capacidad de aprender a perdonar y amar otra vez? ¿Cómo están sus sentimientos? Quizá usted está experimentando una tremenda tormenta interior, y sufriendo gran ansiedad, mientras su problema va y viene de continuo en su propia mente. Quizá la ofensa ocurrió varios años atrás, pero usted la revive vez tras vez en su memoria.

Mientras hay un mar de emociones agitándose en su pecho, no vuelva a los pensamientos de: ¿Por qué a mí? o "Yo no puedo perdonar." Aquiete su corazón ahora para oír algo fresco y nuevo acerca del perdón. Su propia sanidad y su libertad espiritual están justo delante de usted. Eso es lo que Dios desea para usted, y Él le mostrará el camino.

Parte I

Decidiendo perdonar

2

Cuando su
corazón grita no

Joanne era una joven esposa y madre que vino a mí en busca de consejo.

—John, mi madre está muriendo de cáncer, y yo no sé qué es lo que puedo hacer.

—¿Cuánto tiempo según los doctores le queda de vida? —pregunté.

Joanne vaciló un momento—.Quizá un mes.

—¿Es ella cristiana? —volví a preguntar.

—No —fue su respuesta .

—¿Cuándo fue la última vez que usted la vio?

La respuesta de Joanne me sorprendió.—Casi un año atrás.

Pronto se hizo evidente para mí que Joanne era una persona dividida en dos. Me dijo que ella amaba a su madre, pero todavía tenía algunas cicatrices del pasado. Me dijo que su infancia había sido miserable. Su madre la había manipulado y había controlado continuamente cada uno de sus movimientos. Nunca había podido tener el gusto de traer amigos a su casa, porque nunca sabía cómo su madre iba a reaccionar. Aún ahora, como 30 años más tarde, todavía recordaba los momentos en que su madre la hizo sentirse como una tonta delante de sus amigos. Joanne y su madre nunca habían tenido intimidad, y ahora les quedaba muy poco tiempo.

Le dije a Joanne que ella tenía que ver más allá de lo temporal, a lo eternal. Le aconsejé que escribiera una buena carta a su madre, expresándole su amor y preparando el camino para hacerle una visita. Cuando le hablé de algunas maneras en que ella podría presentar el evangelio a su madre, mostró poco interés. Cuando finalizó la entrevista, la invité a orar por la salvación de la madre, y comenzamos; pero cuando estaba terminando la oración, sentí que estaba orando yo solo.

Joanne nunca le escribió ni visitó a su madre, la cual falleció al poco tiempo de cáncer en los huesos. Aunque yo nunca había visto esa mujer, lloré en mi corazón al pensar en sus atroces dolores y en su eternidad sin Cristo. Y pensé en Joanne, que sabía lo que tenía que hacer, pero no lo hizo. Más tarde ella se justificaría diciendo que fue su corazón el que no la dejó actuar.

Joanne siempre ha rehusado admitir sus verdaderos sentimientos acerca de su madre. Ella siempre estuvo llena de resentimiento y amargura, pero nunca abrió su corazón hasta que su madre murió. La cosa sucedió cuando estuvo parada delante del ataúd abierto de la madre. Mirando el cuerpo sin vida de su progenitora, Joanne tuvo que enfrentarse consigo misma.

Recibiendo consejo en una clínica local, Joanne admitió que nada le había importado no ir a ver a su madre antes de que ésta muriera. Fue entonces cuando contó todo: su pasado, su ira y hostilidad fueron creciendo a medida que contaba todos aquellos horrores.

Joanne siguió recibiendo psicoterapia semanalmente durante varios meses, pero su consejero nunca le habló claramente acerca de tanta amargura e ira. Las emociones de Joanne eran algo simplemente inconcebibles. Le permitieron permanecer enojada y amargada, y ni una sola vez el consejero le dijo que esos sentimientos indicaban que algo andaba mal dentro de la misma Joanne.

En nuestros días, rara vez se cuestionan los sentimientos personales en las sesiones de psicoterapia. En vez de eso, los consejeros empiezan a hurgar en el pasado de la persona, tratan de descubrir qué cosas le ocurrieron que causan en el presente sus problemas a través de la mente subconsciente. Joanne identificó sus sentimientos, y también algunos hechos de su conducta, con las relaciones que tuvo con su madre.

Pero todavía, después de dos años de revisar su pasado, sigue encadenada y trabada en una servidumbre emocional.

Lo que revelan nuestras emociones

Si usted ha sido emocionalmente herido por alguna persona, ya sean sus padres, su cónyuge, sus hijos, amigos, compañeros de trabajo u otras personas, y siente hacia ellos las mismas emociones que Joanne sintió hacia su madre, no se sorprenda. Eso es normal. Dios ha diseñado su corazón para que sea sensible a los dolores internos, tal como designó su mano para que sea sensible al calor de una estufa. Tal como los nervios de la piel son sensibles y le avisan inmediatamente de un calor excesivo o de una herida, así la sensibilidad del corazón es un sistema de emergencia que nos mueve a hacer algo que quizás no queremos hacer, y entonces se produce una herida emocional. ¡Y eso nos urge a actuar rápido! Si usted no tiene ese sistema de alarma interna, entonces algo anda mal en usted.

¿Cómo mira Dios esas emociones que sentimos cuando alguien nos ha ofendido? Ignorar, o negar, que estamos heridos, no es nada saludable, y además no le da honra a Dios. Las emociones son síntomas que revelan las realidades del corazón, exactamente lo que está pasando realmente dentro de nosotros. Por ejemplo, si mi voz tiembla cuando hablo, eso revela mis temores e inseguridades. Cuando lloro, mis lágrimas dicen que un gran dolor o una profunda alegría hay en mi corazón. La ira es la manifestación exterior de la frustración o desesperación que están adentro. La amargura revela un espíritu amargo, o una angustia, que se han aposentado en nuestro corazón.

Si no admitimos francamente los sentimientos que tenemos respecto a otros, entonces fallamos en darnos cuenta de que algo debe estar dando seriamente en el mismo centro de nuestro ser. Negar nuestras emociones nunca nos puede ayudar a crecer maduramente en Cristo. Cuando usted no reconoce la ofensa, entonces usted no se dispone a perdonar al ofensor. Usted no puede perdonar aquello que no ha encarado francamente.

Nuestras emociones deben forzarnos a examinarnos a nosotros mismos a la luz de la Palabra de Dios. Por ejemplo, la ansiedad que no tiene una base física indica un corazón que no ha conocido todavía "la paz que sobrepasa todo entendimiento humano" (Filipenses 4:7). Los estadillos de ira indican una frustración calentada al rojo vivo, y la necesidad del control del Espíritu Santo, quien produce templanza y autocontrol (Gálatas 5:23). Dios no quiere que reprimamos nuestras emociones, pero al mismo tiempo no desea que las aceptemos cuando ellas van en detrimento de nuestra paz y dañan nuestras relaciones.

Muchas veces el perdón está fuera de nuestro alcance, porque no hemos sido emocionalmente transparentes con nosotros mismos. Tenemos temor de tratar con aquello que nos hiere profundamente, o no tenemos voluntad de confrontar el dolor en nuestras vidas. Desafortunadamente, mientras no deseemos ser bien transparentes con Dios y con nosotros mismos, podemos bloquear la ayuda que necesitamos del Espíritu Santo para poder perdonar.

Ya que es Dios quien nos ha creado, no tenemos mejor fuente que Él para comprendernos a nosotros mismos y tratar con nuestras emociones. Y dado que Jesús compartió plenamente nuestra naturaleza humana y conoció todas nuestras emociones, Él sabe perfectamente cuan dañinas y pecaminosas estas son. Jesús dice que aun la ira incontrolada contra un hermano es igual al homicidio. (Mateo 5:1-22). Y todo eso está sujeto al juicio.

El odio es también otra emoción que el Señor rechaza claramente. En sus días, todos los fanáticos religiosos albergaban odio hacia sus enemigos. En contraste directo con sus creencias, Jesús dijo "Amad a vuestros enemigos y orad por los que os persiguen," (Mateo 5:44).

Jesús dijo bien claramente que la marca distintiva de que somos hijos del Padre celestial es nuestra capacidad de amar aun frente a la oposición. Jesús no le dio mayor importancia a la gente que ama solamente a los que los aman. Hacer eso no indica ninguna virtud especial en el individuo. Jesús enseñaba que sus seguidores debían amar a todos, aun a los no amables, porque haciendo eso serían maduros y perfectos, tales como el Padre que está en los cielos (Mateo 5:43-48).

Poco antes de regresar a los cielos, Jesús volvió a tocar este tema con sus discípulos. Les dijo que el mundo los odiaría, tal como lo había odiado a Él (Juan 15:18). Pero les dijo que ellos debían amar de una forma como el mundo no conoce. Que deberían amar aun cuando los odiasen. El mundo los conocería por su habilidad de amar.

La fuente de
nuestras emociones

¿Por qué Jesús espera de nosotros sus seguidores que vayamos más allá de las emociones "normales" para amar aun a aquellos que nos dañan y nos hieren? Porque Él nos ha dado una nueva naturaleza, con la cual hemos de relacionarnos con los demás. Nos ha dado la capacidad de vivir, amar y perdonar tal como Él lo hizo.

Pero todavía permanecen en nosotros los restos de la vida vieja, ahí el odio y el resentimiento eran materia común. Y hay una tendencia en nosotros, la de producir emociones que están en abierta oposición a lo que Dios quiere de nosotros. La Biblia llama a esa tendencia la naturaleza del pecado, o de la carne. Así que hay un número de emociones que están atadas a nuestra vieja naturaleza, a la naturaleza meramente humana. Entre esas están el odio, los celos y la ira (Gálatas 5:20). Esas emociones son reales y, en lo que a Dios concierne, son bien malas. Y no son solamente malas; también son peligrosas porque nos llevan a vivir en tinieblas espirituales.

El apóstol Juan se refiere a sí mismo como "el discípulo al cual Jesús amaba" (Juan 13:23). Y fue esa intimidad especial de Juan con Jesús que hizo que su primera epístola fuese tan interesante. Pues comprendiendo bien lo que Jesús dijo acerca de ciertas emociones, escribió Juan: "Pero el que aborrece a su hermano, está en tinieblas, y anda en tinieblas, y no sabe a dónde va, porque las tinieblas le han cegado los ojos." (1 Juan 2:11).

La implicación de estas palabras es bien clara. El sentir odio hacia alguna persona, nos pone a nosotros en tinieblas espirituales, y empezamos a actuar como si estuviéramos ciegos a las realidades espirituales de nuestro mundo.

¿Le puedo hacer una pregunta muy importante? ¿Será posible que usted en este momento esté en tinieblas espirituales, por estar odiando a una persona a la cual Dios dice que usted debe de amar? Para responder a esta pregunta usted tiene que considerar con sinceridad su presente condición espiritual. Usted puede descubrir que su relación con Dios ya no es la misma desde que usted sufrió en las manos de otra persona. Tal tiniebla espiritual está frecuentemente acompañada de una carencia real de gozo y paz en su diario caminar con el Señor.

¿Describen estos síntomas su presente condición espiritual? De ser así, puede ser que usted mismo se haya introducido en las tinieblas, por estar todavía atado a ofensas que sufrió en el pasado.

Servidumbre
emocional

Hay otra emoción, relacionada estrechamente con el odio y el resentimiento, que se ve muy a menudo en las vidas de muchos creyentes. Es la amargura. La amargura es el odio extendido en el tiempo. Dios dice claramente que no desea vernos amargados a causa de aquellos que nos han ofendido. Así nos dice en Su Palabra: " Y no contristéis al Espíritu Santo de Dios, con el cual fuisteis sellados para el día de la redención. Quítense de vosotros toda amargura, enojo, ira, gritería y maledicencia, y toda malicia" (Efesios 4:30-31). ¡Imagínese esto: Dios se aflige cuando nosotros permitimos que ciertas emociones permanezcan todavía en nuestras vidas! Él no quiere que vivamos amargados ni llenos de ira y resentimiento.

Así que, ¿qué debemos hacer cuando tenemos tales emociones? Tenemos que escapar de ellas. Pero, ¿cómo? La solución es: " Antes sed benignos unos con otros, misericordiosos, perdonándoos unos a otros, como también Dios os perdonó en Cristo" (Efesios 4:32).

Tanto como a Dios concierne, ninguno de nosotros debería vivir atado a emociones de venganza. Debemos despojarnos de ellas por medio del amor y el perdón.

Jane, una mujer divorciada, de mediana edad, vivía una vida de intenso odio contra su ex marido. Durante años, su ira la consumió mental y físicamente. Intensos dolores de cabeza la condujeron a un completo quebranto nervioso, después de lo cual se puso a pensar en el suicidio. Durante años y años se atormentó con la misma pregunta: ¿Cómo pudo él abandonarme con tres hijos pequeños?

Su cuerpo comenzó a ceder bajo el peso de su rencor, hasta que comprendió que estaba a punto de perderlo todo, inclusive a sus hijos. Ya desesperada se unió a un grupo llamado "guerreros de oración" y oraron por ella, para que perdonara a su marido. Después de eso ella escribió:

"Cuando esa noche dejé a mis nuevos y amados amigos, sabía que ya tenía la paz de Cristo, la
paz para perdonar. Perdoné a mi ex marido, y
quedé instantáneamente libre. Había llevado este
peso terrible de odio y culpa por casi doce años.
Había sido una larga y penosa lucha, y sin embargo la solución era tan sencilla. Desafortunadamente no fui capaz de verla. En vez de eso me
esforcé en continuar mi odio, y seguí alimentando
mi ira, hasta que ella se hizo mi modo de vida.

Mirando atrás, Jane se da cuenta de que ella se consumía
con su propio odio. Perdió la salud, y casi pierde también a
sus hijos. Fue entonces que la confrontaron amorosamente
con su necesidad de perdonar. Y por medio de la oración de
ese grupo de cristianos comprensivos y amorosos, ella perdonó al marido. Se liberó completamente a través del perdón, y
su vida y salud mejoraron dramáticamente. Jane rompió la
barrera emocional que le impedía vivir abundantemente y ser
sanada. Esperó durante doce años hasta que al fin perdonó. Y
cuando lo hizo, la gracia sanadora de Dios comenzó a fluir en
su vida.

¿Hay alguna ofensa, alojada en su corazón, que haya
llegado a ser como un cáncer? ¿Se ha hecho tan grave que le
ha quitado su paz, su alegría, y aun amenaza su salud? Si es
así, entonces usted necesita desesperadamente perdonar. No
haga como Jane, desperdiciar doce años de su vida. Usted
puede verse libre de esos sentimientos negativos con sólo
estar dispuesto a perdonar.

Emociones resistentes

Irónicamente, aun cuando sabemos que la respuesta a nuestros problemas es perdonar, todavía hay algo en nuestros corazones que grita: "¡No deseo perdonarlo!" Esos sentimientos no

son raros. Cuando alguien, sin misericordia alguna, hunde una daga en nuestro corazón, rara vez respondemos inmediatamente con un alegre deseo de perdonar. Emociones tales como ira y hostilidad surgen inmediatamente del fondo de nuestra vieja naturaleza, y claman venganza.

¿Qué podemos hacer entonces? Nuestras posibilidades son limitadas. Podemos dejar que esas emociones nos esclavicen, quizá por el resto de nuestra vida, o podemos pedirle a Dios ayuda para librarnos de ellas para siempre. Pero el método de Dios para librarnos de esas emociones es el perdón, y el perdón es algo contrario a nuestra respuesta natural, a nuestra reacción normal al ser heridos. Para poder perdonar tenemos que hacer algo que no deseamos hacer.

Todos somos parte de la generación del "sentirse bien"; nuestro lema de vida es: "Si te hace sentir bien, hazlo". Pero la vida está llena de cosas que hacemos aun cuando no nos gustan. ¿A quién le gusta salir de la cama en una fría mañana de invierno? ¿Quién se siente feliz teniendo que ir al dentista? ¿A quién le gusta pagar impuestos? ¿Quién disfruta de una operación de corazón abierto?

Imagine usted a un cardiólogo esperando que su paciente se sienta feliz de someterse a una operación. Le dice al paciente que la sangre que está fluyendo a su corazón es apenas suficiente para mantenerlo respirando (siempre y cuando no corra, ni haga violentos ejercicios), y lo manda a su casa con esta orientación: Cuando usted sienta que su pecho se le abre en dos, entonces llámeme para hacerle la operación.

Extendamos esta analogía a esa cirugía espiritual que llamamos perdón. Sí, hay fuertes emociones que gritan: "¡De ninguna manera, no puedo hacerlo!" Pero tales sentimientos no pueden estorbarnos en el camino de ese acto dador de vida que es el perdonar a los que nos ofenden.

Cuando una mujer ha sido violada, ¿cuánto tiempo tiene que pasar antes de que ella sienta deseos de perdonar a su atacante? Cuando una mujer ha sido infiel, ¿cuánto tiempo le tomará a su marido extenderle un amplio y bondadoso perdón? Cuando un conductor borracho atropella en la calle a su hija adolescente, ¿siente usted inmediatamente deseos de perdonarlo? Cuando es un amigo o amiga el que le falla, y lo traiciona a sus espaldas, ¿cuándo sentirá usted deseos de correr a perdonarlo o perdonarla?

Seamos realistas y admitamos que si esperamos a sentir el deseo de perdonar, puede pasar un larguísimo tiempo antes que ello suceda. Puede pasar todo el resto de nuestra vida sin que lleguemos a sentir el deseo de perdonar y tener emociones que nos hagan sentir "confortados" con el perdón. Hay veces en la vida en que tenemos que hacer lo que es recto, aun cuando sintamos que nos resulta desagradable. Jesús nos dijo que debemos amar a nuestros enemigos. No importa lo que nos hayan hecho, ni cómo nos sintamos nosotros respecto a ellos, debemos responder con amor a todos los que nos hieren, dándoles el mismo valor que Cristo les da. Él no espera que nos sintamos contentos por nuestros enemigos, pero nos deja a que por nuestra parte hagamos lo recto, aun cuando ello sea contrario a todas nuestras emociones.

Cristo es nuestro ejemplo. Cuando las gotas de sudor de sangre corrían por su frente, clamó a Su Padre: "Padre, si quieres, pasa de mí esta copa" (Lucas 22:42). Jesús no deseaba el látigo de sus atormentadores. No deseaba para nada los clavos que horadarían sus manos y sus pies. Ni deseaba ser coronado de espinas hundidas hasta las cejas. No deseaba ser burlado, ridiculizado, abofeteado... No deseaba ser crucificado.

Pero el Salvador rehusó ceder a Sus miedos y ansiedades. Contrario al horror de verse sudar sangre, nuestro Señor hizo lo que tenía que hacer. Dijo sí a la voluntad del Padre, dijo sí a la crucifixión.

Para nosotros, tener que perdonar a otros es como tomar la vía dolorosa, el camino a la cruz. Nuestras emociones crean en nosotros una crisis de la voluntad. En la parte más profunda de nuestro ser, nuestra sensibilidad grita: ¡No! Pero Dios nos dice: "¡Sí!" Y lo mismo que el Señor que compró nuestro perdón, debemos hacer lo que es recto y justo, y confiar en el Padre para los buenos resultados.

Es tiempo de que comprendamos que nuestros sentimientos no deben estorbarnos, en el camino que debemos tomar. Pero, ¿cómo podremos nadar contra la fuerte corriente de nuestras emociones? Debemos rogar a Dios por ayuda. Debemos volvernos a Él, en nuestro propio jardín de Getsemaní, y decirle: "Pero no se haga mi voluntad, sino la tuya" (Lucas 22:42).

Las poderosas emociones humanas que llevaron a Jesús a rogar al Padre que le mostrara otro camino, no le impidieron tomar el camino recto y verdadero cuando debía encaminarse hacia la cruz. Y nosotros tampoco debemos permitir que nuestras emociones nos impidan el cumplimiento del deber, ya que debemos perdonarnos unos a otros.

El perdón no es algo que podamos realizar nosotros solos. No tenemos dentro de nosotros el poder o la capacidad de hacerlo. Pero, si no le permitimos a Dios perdonar a otros a través de nosotros, nuestros pobres y magros intentos humanos serán vacíos y sin significado. Debemos permitir que la gracia del Gran Perdonador se manifieste a través de nosotros.

¿Quién mejor que Aquél que supo perdonar a toda la humanidad, puede ayudarnos a perdonar cuando no sentimos deseos de hacerlo?

Incluir el costo

Mas no se equivoque usted en cuanto a esto, perdonar le costará a usted algo. Usted asumirá las pérdidas. Y nunca trate de recibir una recompensa.

Bajando en una balsa por el Río Grande, Mike, Jamie y su guía cayeron bajo el fuego de francotiradores atrincherados en las barrancas que flanquean el río. Debido a que las orillas del Río Grande en muchos lugares son muy estrechas y podían ser un blanco fácil, no les quedó a ellos más remedio que abandonar el bote, nadar hasta la orilla y esconderse entre las rocas. Mike, un hombre fornido y grande, tomó la delantera tal como lo había hecho cuando había peleado en Viet Nam. Jamie hizo lo mejor que pudo. Ambos fueron atrapados igual que animales. Habían sido tomados como blanco por un par de degenerados.

Jamie estaba agarrada a las rocas cuando fue herida en la espalda. Permaneció consciente y se deslizó río abajo hasta un pequeño banco de arena. Mike quedó de pie entre los francotiradores y su esposa herida. En eso un nuevo disparo lo hirió en la espalda. Jamie pudo oír el ruido sordo que hizo el cuerpo de su marido al caer. Se arrastró hasta algunos matorrales y comenzó a cubrirse con ramas para pasar desapercibido..

Mike había recibido la bala que estaba dirigida a su esposa. Dio su propia vida para preservar la de ella.

En los momentos antes del tiro fatal, los temores de Mike habían sido un desafío a su amor por Jamie. Pero no permitió que sus emociones se pusieran por delante de la decisión de dar su vida por su esposa.

¿Está usted dispuesto a hacer a un lado sus obstinadas emociones para hacer lo que es recto y bueno? Yo sé que su corazón grita: "¡No!". Pero aunque usted desee justicia, usted debe abandonar su derecho a la venganza. Eso es algo que le costará mucho, pero es la cosa correcta que se debe hacer: perdonar. Con la ayuda de Dios, usted puede perdonar y ser sanado emocionalmente.

Perdón sincero

Pero puede ser que usted no haya experimentado esa batalla entre sus emociones y su voluntad. ¿Puede usted todavía hacer una sincera decisión de perdonar? La respuesta es sí. Jesucristo demanda que nuestro perdón sea real. Hay que perdonar al hermano de todo corazón (Mateo 8:35). Jesús pudo haber dicho sencillamente: "Perdona a tu hermano", pero agregó: "de todo corazón".

¿Qué significa perdonar de todo corazón? Por corazón Jesús quiere dar a conocer el centro del ser, la misma esencia de lo que es usted.

Su mente, su voluntad y sus emociones, todo toma parte en el acto de perdonar. Jesús está diciendo que no podemos perdonar realmente mientras nos mantengamos apartados, reservados o mal informados.

Cuando perdonamos, el Espíritu Santo hace que nos confrontemos con lo que ha sucedido. Y, al mismo tiempo, nos da el mandamiento de perdonar. Nuestra mente ve tanto al ofensor como a la ofensa. Mientras hacemos eso, nuestra mente puede quedar agitada, lo mismo que nuestras emociones, por recuerdos desagradables. Pero nuestra voluntad se hace cargo del asunto. ¿Nos vamos a enojar de nuevo, o vamos a perdonar? ¿Voy a quedarme con toda la herida, o voy a dejar que se aquiete de una vez?

Pero, ¿qué pasaría si todos los componentes emocionales estuvieran mezclados? ¿Puede nuestro perdón ser real o sincero como pide Jesús? Sí, pero debe también sentirse usted seguro de que no está negando la profundidad de su pena ni olvidando el costo del perdón. Su perdón será real y sincero en la misma medida en que reconozca lealmente la ofensa y cuente el costo del perdón.

Perdonar a alguien no es el resultado de nuestra sanidad emocional. Es el principio de ella. Usted va de perdón a sanidad, no de sanidad a perdón. Por esto, ¿cuánto tarda en venir la sanidad emocional? Para algunas personas la libertad emocional es inmediata y completa desde el primer momento en que perdonan de corazón. Y experimentan ese alivio franco, aun cundo se trate de heridas traumáticas del pasado.

Pero la palabra de Dios no garantiza absolutamente que usted no va a sufrir algo con el recuerdo, o con la sola mención del nombre de la persona que lo ha ofendido. Para algunas personas hay una batalla emocional que sigue al acto de perdonar. Cuando usted se encuentra con esa persona, sus emociones se agitan. Si fuere ofendido de nuevo, toda aquella tormenta interior pudiera volver. La ira y la amargura intentarían apoderarse de nuevo de su ánimo. Pero esa vez las cosas serían diferentes, porque usted y sus pensamientos son diferentes. Más tarde en este libro, discutiremos cómo eliminar los restos de su dolor emocional.

Nuestros corazones anhelan la paz y la alegría para los cuales el perdón ha puesto su fundamento. Las emociones que siguen al perdón sincero son para renovación y alivio. Son los dones de Dios para los que caminan en la obediencia del perdón.

Así, si su corazón le está gritando: "¡Yo no perdonaré!", no se sorprenda. Recuerde que esas reacciones primeras son normales. Pero al mismo tiempo, recuerde los mandamientos de Cristo en cuanto al perdón. Él nunca dice que usted debe sentir el deseo. Simplemente dice: "Hazlo" Pero para hacerlo bien, usted debe saber realmente qué cosa es perdonar; así usted no será confundido por alguno de los erróneos conceptos que están en boga.

No acepte substitutos

Mis padres se separaron cuando yo era un pequeño niño.
Se habían casado justamente un tiempo antes de que mi
padre partiera para la guerra de Corea. Mientras trataban de
hacer frente a un casamiento apresurado, por causa de la
entrada de mi padre en los Marines, recibieron la noticia: un
bebé venía en camino. Era yo, el pequeño Johnny.

Ocho años más tarde, la presión se hizo muy grande y el
matrimonio comenzó a resquebrajarse. Mi padre se fue de la
casa, y mi madre tenía que trabajar día y noche para lograr
poner pan en la mesa. Ella hacía lo mejor que podía, pero
aquellos eran días muy duros.

Yo creía ingenuamente que todos los problemas de mis
padres eran asunto de dinero. Cuando comenzaban las discusiones, las cuentas a pagar parecían ser siempre la piedra de
escándalo. Tenía yo apenas nueve años, cuando fui a una gran
tienda de comestibles para ayudar a llevar paquetes y hacer
algún dinero para ayudar a la casa. Quería hacer algo para ver
que papá y mamá se juntasen de nuevo.

Durante todos esos años, yo no tenía ningún refugio para mi
dolor interior, ningún lugar donde ocultarme. Aun los chicos del
vecindario se burlaban de mí. "¡Tú no tienes padre!" No sé si

me repitieron esas palabras mil veces. Pero cada palabra me cortaba como una navaja: "¡Tú... no... tienes...padre!"

A pesar de mi agonía emocional, o quizá por eso, yo aprendí a pelear con mis puños y mis palabras. La ira se apoderó de mí. El primer síntoma de mi mal interior fue un carácter explosivo. Llegué a ser un tipo de aparente autosuficiencia. Cuando quería comenzar a relacionarme más estrechamente con alguna persona, enseguida levantaba barreras de protección personal, para mantener mi aislamiento.

Atado siempre a mis dolores personales, llevé esas heridas, que había acumulado a lo largo de los años, hasta mi edad adulta. ¿Qué puede hacer uno cuando tiene tales heridas abiertas? Examinarlas a nombre del propio criterio, o de la comprensión propia basada en la experiencia de la vida, pero eso no es suficiente, ofrece muy poca esperanza.

¡Cuán agradecido estoy de que Dios haya quebrado mi miseria! Siempre recordaré ese día cuando Él me enseñó a perdonar, y me permitió poner mi pasado detrás de mí. En ese día Dios no me ofreció ninguna otra alternativa, sino hacerle frente a todos los años de angustia y dolor. En vez de enfurecerme, como solía hacerlo, escuché cómo Él me decía que tenía que perdonar. Cuando por fin llegué a estar decidido a perdonar a todos, las lágrimas comenzaron a fluir de mis ojos. Me sentí aliviado y, en algún sentido, limpio. Había librado al hombre que estaba cautivo, sólo para darme cuenta de cuán larga había sido mi prisión. Yo había sido el único que había estado prisionero.

Lo que me ocurrió ese día fue algo muy personal, casi sagrado. Ese día me hice dueño de mi pasado. Encontré mi libertad. La misma cosa puede ocurrirle a usted, no importa cuál haya sido su pasado.

Qué cosa es no perdonar

¿Cómo ve usted el perdón? Para hallar y experimentar la libertad del perdón, usted necesita saber cabalmente qué es el perdón genuino. Y para saber bien qué es el perdón genuino, usted necesita identificar y rechazar una cantidad de falsos conceptos acerca del perdón que son rampantes en nuestra cultura, aun entre cristianos. He aquí diez *falsos conceptos,* muy comunes, que usted necesita evitar.

1. *Es mejor culpar que perdonar.* En su popular libro *Toxic Parents* (Padres tóxicos), la escritora Susan Forward presenta muy bien lo que es la actitud prevaleciente en nuestra cultura. En el capítulo titulado "Tú no tienes que perdonar," discute cómo deberíamos responder al abuso que nuestros padres nos hicieron en el pasado. Ella escribe: "En este punto tú debes preguntarte: ¿No es el primer paso que debo dar el perdonar a mis padres? Mi respuesta es no....De hecho no es necesario perdonar a tus padres a fin de sentirte bien y cambiar tu vida." [1]

En efecto, Susan Forward dice que usted y yo deberíamos echar encima de nuestros padres la culpa de todos los problemas que tenemos ahora. ¿Por qué no? Ellos fueron tóxicos, ellos nos envenenaron. Y nosotros tenemos que hacérselo saber ahora. Entonces vamos a empezar a sentirnos bien, y nuestra vida comenzará a cambiar.

¿Pero es que el hacer eso sirve realmente de algo? ¿Es útil y bueno tal proceder? En algunos casos puede ser que sea bueno, al menos temporalmente. Echarle la culpa a alguien de nuestros problemas es mucho más fácil que decir: "Tengo un problema." Es mucho más fácil castigar a nuestros padres que perdonarlos, especialmente cuando andamos buscando alguna víctima expiatoria. Pero la filosofía de Susan Forward va en contra de la Palabra de Dios. Pregúntese a usted mismo lo siguiente:

- ¿Es culpar a mis padres la manera de honrarlos a ellos? (Éxodo 20:12)
- Culpar a mis padres ¿me ayudará a conducirlos a ellos a Cristo? (Juan 13:34-35)
- ¿Cómo me sentiría yo si mis hijos me trataran como "tóxico" y me echaran la culpa de todos sus problemas? (Mateo 7:12)

Hay una gran cantidad de cristianos que están completamente fuera de base en este problema. De algún modo han quedado ciegos a la palabra de Dios y han aceptado enseñanzas de hombres. Haríamos bien en escuchar la advertencia de Pablo a los cristianos de Colosas: "Mirad que nadie os engañe por medio de filosofías y huecas sutilezas, según las tradiciones de los hombres, conforme a los rudimentos del mundo, y no según Cristo." (Colosenses 2:8). Muchas ideas, engaños y falsedades abundan en cuanto al concepto de perdón.

2. *Es mejor negar la ofensa que perdonar al ofensor.* Cuando la herida es insoportable, a menudo nos engañamos a nosotros mismos. Eso es negación. Ofrece alguna inmediata protección emocional en respuesta al trauma. Cuando nos hallamos muy sobrecargados de dolor tenemos la tendencia de desentendernos, para poder sobrevivir. Actuamos como si la ofensa nunca se hubiera producido. Sepultamos la realidad, y no decimos nada. Pero años más tarde sentimos una inquietud en nuestro espíritu que nos dice que algo anda mal.

Cuando Sally era una niña pequeña, fue violada por un primo. Años más tarde el primo reconoció su falta y le pidió perdón. Pero Sally rehusó enfrentar el horror de lo que había sucedido. Mintió a su primo, diciéndole que ella no recordaba nada de lo sucedido. Más tarde, me confesó a mí que cada vez que el recuerdo de su primo venía a su mente, ella trataba de olvidar concentrándose en alguna otra cosa. Durante años rehusó tratar con el problema, y continuó viviendo con la negación de los hechos.

¿Hay dolorosos incidentes en su pasado que el Espíritu Santo ha traído ahora a su mente? ¿Trata usted de rechazarlos porque ellos le son una amenaza? Negar todo obstinadamente no es perdonar, y no es saludable.

Cuando el Señor le traiga a su mente penosas experiencias del pasado, hágales frente; y en Su presencia y con Su poder, perdone a aquel que lo dañó tanto, aun cuando se trate de una violación.

Por fin Sally cesó de negar el hecho y perdonó a su primo. Más tarde, ella escribió: "Creo realmente que el Consolador me ha consolado. Dos semanas atrás vi a mi primo después de cuatro años. Fue maravilloso verle. Yo estaba genuinamente apenada cuando la entrevista terminó. El Espíritu Santo fue mi Consejero, y el Señor me sanó completamente."

Cuando el Consejero nos guía, podemos perdonar perfectamente, en vez de negar y ser engañados.

3. *Perdonar es un juego superespiritual.* Ray y Craig crecieron en la misma ciudad. Asistieron a la misma iglesia y al mismo colegio. Luego fueron juntos a la escuela de graduados. A lo largo de los años desarrollaron una amistad estrecha y competitiva. Pero cuando Ray comenzó a superar a su amigo, brotó entre ellos la envidia y la tensión.

Mantener una discreta distancia parecía ayudar algo, hasta que ambos decidieron hablar cara a cara. Craig miró a Ray y le dijo: "Quiero decirte que ya te he perdonado". Eso fue todo lo que dijo. Ninguna explicación. Ray, el supuesto culpable, no tenía la menor idea de lo que Craig quería decir. Craig había usado un aire de superespiritualidad, perdonando "humildemente" a Ray, como un medio de ganar ventaja sobre él.

Yo creo que no hay nada más nauseabundo para Dios que un cristiano que aparenta ser piadoso y adopta la actitud de "apártate de mí que soy más santo que tú", exhibiendo una santificada sonrisa en nombre de Jesús. Tal fariseo moderno, quiere manipular a otros, echándoles encima alguna supuesta culpa por alguna ofensa imaginaria, impresionándolos con la máscara de su superespiritualidad.

4. *Para perdonar es necesario confrontar al ofensor.* Para poder perdonar es necesario enfrentarnos con la persona que deseamos perdonar. ¿Tenemos que hacerle algún reproche? ¿Debe usted decirle a sus padres todo el mal que le hicieron cuando lo criaban antes de dejarlos ir libres? Si ha sido usted víctima de un asaltante violento, ¿tiene usted que hablar con

él personalmente, hacerle ver cuan pésimo ha sido, antes de ofrecerle su absolución personal?

Una confrontación amorosa puede seguir al acto del perdón, pero no es requisito indispensable en cuanto a limpiar los libros y quedar en paz. Después de todo, puede que el ofensor ya se haya muerto, o esté a gran distancia de usted. Esto no es de importancia, porque el perdón no demanda que usted se comunique con esa persona. El perdón, tal como lo vemos, es un asunto primariamente entre usted y Dios.

5. *El perdón no es una gran cosa.* A lo largo de muchos años mi esposa Teri y yo hemos aconsejado a muchas parejas sobre el penoso asunto de la infertilidad. Recuerdo una esposa que me dijo frívolamente: "He perdonado a Mark por habernos hecho esperar tanto, hacer el intento de tener hijos". Mark se hallaba genuinamente apenado por haber puesto primero su carrera y sus problemas financieros, antes del interés de formar una familia. Como él era quien mandaba, habían esperado mucho tiempo, y ambos lo sabían.

Pero la afirmación de la esposa tenía cierto ribete de falsedad. Su anhelo de tener un hijo, y sus brazos vacíos, demandaban algo más que unas simples palabras dirigidas a su esposo. Me puse a pensar que ella realmente no había pensado en la realidad de la ofensa y consecuentemente no había perdonado a su marido. Era algo demasiado casual, demasiado fácil.

Debido a que el acto de perdonar levanta emociones en nosotros que son difíciles de manejar, debemos evitar que nuestro perdón sea tibio, o aun frívolo. En nuestra turbación y tormenta interior podemos ser tentados a decir simplemente: "Bueno, te perdono. Ahora déjame solo". Si damos un perdón livianamente, o con frivolidad, queda vacío de real significado. No se le puede llamar a eso perdón. Y no es perdón realmente, sino quitarse una molestia.

Usted no puede perdonar tibiamente, en medio de un bostezo. No puede perdonar mientras está pensando en otra cosa o mirando televisión. No puede reducir el perdón a un simple movimiento de cabeza. Un consentimiento ocasional no lo fabrica. Perdonar es un asunto sumamente grande y serio. Usted debe envolver completamente su corazón y su mente en lo que está haciendo. Y entonces, sólo entonces, está usted perdonando realmente.

6. *El perdón aprueba la ofensa y el ofensor.* "Pero si yo lo perdono a él, es como si dijera que lo que él hizo es aceptable." De ninguna manera. Perdonar al ofensor no significa que usted aprueba la validez de la ofensa. Mire como Dios trabaja en nuestra vida. Dios nunca aprueba el pecado. De hecho, Dios odia el pecado. Pero siempre perdona al pecador.

Cuando usted extiende su perdón, no está diciendo que el adulterio, la calumnia o las duras palabras estuvieron bien. Tales acciones son malas, mortalmente malas, y es necesario cambiar las cosas. Cuando usted perdona a su ofensor lo deja libre de la guillotina, pero no está diciendo que lo que pasó estaba bien hecho.

La mayor razón por la cual algunos de nosotros confundimos perdón con excusa del mal, es porque tenemos una idea torcida acerca de lo que acompaña al perdón verdadero. Tenemos la noción equivocada de que si perdonamos a alguien nunca debemos mencionar lo que hizo, o debemos actuar como si nunca hubiera sucedido. Esta idea errónea abre la puerta para episodios repetidos de borrachera, promiscuidad, abuso sexual o físico, mentira, etc. El perdón no debiera ser percibido como una invitación a continuar con costumbres destructivas, especialmente en personas adictas a malos procederes. Por lo tanto es esencial que, una vez que hayamos perdonado a una persona su ofensa, le hablemos claramente acerca de lo que ha hecho, y buscar amorosamente su recuperación (Gálatas 6:1).

7. *Cuando usted perdona realmente, olvida la ofensa.* Perdonar y olvidar suena apelativo, pero la realidad no es así. Podemos perdonar. Pero debemos ser honestos: en el sentido más literal de la palabra, nunca podremos olvidar lo que ha

sucedido. Una amnesia voluntaria puede ser maravillosa, pero nuestras mentes no están hechas para olvidar la demanda.

Pero con un perdón hecho de corazón, y con una buena sanidad emocional, podemos alcanzar el punto cuando recordar al ofensor y su ofensa ya no produce dolor emocional. En este sentido es posible perdonar y olvidar.

Clara Barton, la fundadora de la Cruz Roja Americana, tenía algunas cosas penosas en su pasado. Un día le preguntaron si recordaba algo feo. La respuesta que dio se hizo bien conocida: "No, yo claramente recuerdo haber olvidado eso". Nosotros también podemos rehusar recordar el dolor, y eso puede ser de gran ayuda para recuperar nuestra estabilidad emocional.

8. *El perdón requiere una restauración inmediata de la relación.* Ruth había sido brutalmente castigada por su marido alcohólico. Mientras el hombre dormía, ella vistió rápidamente a los chicos y se refugió en la casa de un vecino. ¿Podría Ruth perdonar a su marido su brutalidad? Sí. ¿Podía ella retornar inmediatamente al hogar, y sufrir otra paliza? No.

Este ejemplo señala un punto importante. Cuando perdonamos a alguien no significa necesariamente que todo vuelve a ser maravilloso, y que podemos volver a las mismas cosas que provocaron la ofensa.

En uno de nuestros programas de radio, una joven mujer describió los años en que fue abusada por su abuelo. Esta valiente mujer está ahora casada. Ella y su marido, como también sus padres y el abuelo, estaban viendo un consejero todos juntos. Ella sentía que había perdonado efectivamente a su abuelo, pero decía que no se sentía a gusto cuando estaban todos en familia. Cada visita servía sólo para hacer revivir los penosos años de la infancia. Nos preguntaba si esta hesitación suya era índice de que no había perdonado completamente.

La felicité por su sinceridad, y le dije que perdonar a su abuelo y restablecer con él las relaciones no eran la misma cosa.

Hay consejeros y maestros que dicen que después de perdonar, tenemos que recomponer las cosas como eran antes de producirse la ofensa, porque si no el perdón no es genuino. Esto no tiene sentido ni práctico ni bíblico. Habrá tiempos cuando usted necesite proteger su corazón después de haber perdonado, y resolver sus propias emociones antes de proceder a una completa reconciliación.

Tome el ejemplo de dos hombres que trabajaron juntos durante muchos años. Decidieron embarcarse en una nueva aventura, y discutieron la posibilidad de llevar con ellos a un joven que un tiempo trabajó con ellos, pero en un momento dado había abandonado la empresa. Ambos hombres no se pusieron de acuerdo sobre qué debían hacer con ese "joven compañero".

Después de una acalorada discusión, Pablo y Bernabé disolvieron la sociedad al no ponerse de acuerdo. Pablo eligió a Silas, y Bernabé hizo pareja con su antiguo compañero Juan Marcos. Tiempo después Pablo llamó a Juan Marcos a su lado, para que trabajase con él. Para Pablo y Juan Marcos el perdón y la reconciliación estuvieron separados por varios años.

Es importante recordar, por lo tanto, que en muchos casos una completa o aun una parcial reconciliación es innecesaria o imposible. Usted puede perdonar genuinamente sin restaurar la relación con la persona que lo ofendió.

9. *El perdón es un viaje de muchas etapas.* Dios nos manda perdonar a otros. Él se ofrece a Sí mismo como el modelo. Pero el perdón genuino se hace de una sola vez, o toma algún tiempo para realizarse. ¿Es un proceso o una decisión?

Es interesante comparar una vieja obra de David Augsburger con sus puntos de vista más recientes sobre el perdón. En un capítulo titulado "¿Toma tiempo perdonar?" Augsburger escribió:

¡Perdone inmediatamente!
¡Olvide no bien sienta la primer herida!
El hombre que sigue a Cristo en su vida, se
    apresura a perdonar.
¡Rápidamente, sin vacilación, inmediatamente!
Conociendo el gran valor del tiempo, no puede
    usted permitirse sufrir dolor inútil.[2]

Conversando recientemente con Augsburger, me confirmó que últimamente había cambiado sus puntos de vista sobre el perdón. Lo describe ahora como "un viaje de muchas etapas". Considerando el perdón de esa manera, se puede combinar perdón con sanidad emocional y reconciliación.

Hay personas que rehúsan perdonar, porque creen que no están emocionalmente listos todavía para dejar su ira, odio y deseo de venganza. Hay otros que se han perdonado; pero tienen dudas respecto de sus propias emociones, de cómo encararán el asunto del perdón. Cuando no se sienten bien inmediatamente respecto de la otra persona, concluyen erróneamente,"¡Todavía no le he perdonado!"

Este criterio socava el claro mandamiento bíblico de perdonar. Perdón y sanidad emocional no son la misma cosa. La sanidad emocional puede llevar tiempo, pero empieza siempre con el acto de perdonar, es una decisión de la voluntad en un momento de tiempo.

10. *El perdón requiere un extenso análisis del pasado.* Por su propia naturaleza, el perdón requiere un examen del pasado. Idealmente es el pasado inmediato: "No se ponga el sol sobre vuestro enojo" (Efesios 4:26), pero el perdón bíblico no es estrictamente un análisis del pasado.

Mucho del trabajo de asesoramiento de hoy en día, o psicoterapia, parte de la premisa que nuestro pasado tiene la clave para resolver todos los problemas de nuestro presente. Invocando el autoconocimiento, muchos consejeros examinan el pasado del cliente, para hallar la causa subyacente de

determinados patrones de conducta. A menudo la investiga-
ción se dirige al subconsciente del individuo, el cual puede
ocultar dolorosos recuerdos y experiencias. Se han designado
muchas formas de asesoramiento para hacer salir a la superficie esas heridas ocultas. La teoría es que si le hacemos frente
al pasado, nos libramos de él.

Hay un considerable debate sobre la validez de tales
análisis. Podemos conceder que es posible obtener algún
beneficio examinando dónde hemos estado y qué hemos
hecho. Pero hay que tomar grandes precauciones cuando uno
se mete en las profundidades del pasado. De hecho el proceso
puede ser muy peligroso, y causar más mal que bien.

Mantenga en su mente que perdonar no es analizar. El
análisis mira hacia atrás con el fin de aprender; el perdón mira
hacia atrás con el fin de olvidar. El análisis busca observar, el
perdón busca obedecer. El análisis pregunta ¿por qué?; el
perdón libera del porqué, y lo deja a usted libre del pasado.

Haciendo estas distinciones, ¿estamos separando toda
relación del pasado con el presente? Por supuesto que no. Una
joven recién casada puede temer las relaciones sexuales con
su esposo, porque en su niñez fue violada por su padre. Un
hombre puede ser un alcohólico violento e iracundo, a causa
de haber tenido un padre hostil y exigente. Las heridas que se
sufren en la infancia y adolescencia a causa de tener malas
relaciones con padres y parientes, pueden ser ondas de males-
tar que perduran toda la vida si no sabemos tratar con ellas
como Dios manda. Y lo que manda Dios es un perdón amplio,
generoso y completo.

¿Estamos diciendo que el análisis del pasado es absolutamente malo? Si solamente lo usamos para excusarnos de
nuestras malas acciones del presente y eludir la responsabilidad de ellas, sí, es decididamente malo; si acusamos a nuestros padres de todo el mal que nos pasa, y fallamos en
perdonarlos y honrarlos como Dios manda, es porque hemos
olvidado el poder de Dios de cambiar nuestras vidas. Si
salimos del análisis con nada más que etiquetas y cabezas de

turco, hemos perdido nuestro tiempo, por no mencionar una gran cantidad de dinero.

Pero, ¿qué si el análisis elimina emociones pecaminosas y nos lleva positivamente al perdón? Entonces no es meramente análisis; es discipulado. Es una experiencia capaz de cambiar la vida, porque está basada en verdades bíblicas y hechas posible por el Espíritu Santo.

Mauren Ran, que es esposa, madre y autora, llegó a un punto en que no podía ignorar sus turbulencias internas. Dios le reveló que estaba sufriendo un profundo sentido de pérdida, por no haber experimentado el amor que había anhelado recibir de su padre. En un útil libro que escribió, en que hace la crónica de sus experiencias, declara:

Usted no puede perdonar y olvidar lo que nunca ha recordado; usted no puede dejar un lugar donde nunca ha estado; usted no puede soltar lo que nunca ha agarrado; usted no puede buscar sanidad para una herida que nunca ha reconocido. [3]

Si mirar atrás, hacia el pasado, nos lleva a perdonar, es bueno. ¿Está usted dispuesto a dejar que el Espíritu Santo le ayude a recordar las heridas que usted ha rehusado reconocer durante años? ¿Está usted dispuesto a echar una última mirada a esas heridas, y así puede embarcarse en un viaje hacia la sanidad? ¿Por qué no decide que usted no vivirá más atado a las penas de su pasado? Prometa a Dios, y a usted mismo, que usted hará cualquier cosa para olvidar todo lo que queda atrás (Filipenses 3:13-14). Decida ya mismo, que está listo para rechazar cualquier hostilidad que todavía brota en su corazón. Entonces deje de culpar a otros por lo que está haciendo ahora. ¿Está usted listo para perdonar y adueñarse de su sanidad?

Hay una cantidad de falsificaciones del verdadero perdón. No acepte más ninguna mentira. Solamente el perdón le abre la puerta a la sanidad y bienestar de su alma. Pero tiene que ser perdón del bueno y verdadero.

Los peligros
de no perdonar

Yo tengo un problema", dice usted. "No es que yo no
pueda perdonarlo. ¡Es que no deseo perdonarlo! Dios
me ha perdonado a mí, y a la persona que me ofendió.
Entonces, ¿por qué tengo yo que perdonarlo?"

Antes que definamos y describamos lo que es el perdón
genuino, necesitamos discutir los problemas asociados con
nuestra poca o ninguna voluntad de perdonar. Usted ha sido
herida y se ha plantado firme en su actitud. De ninguna
manera le dará a él la satisfacción de perdonarlo. Justicia. Eso
es lo que él necesita. Y ya que usted es la única que ha sido
herida, usted siente que es la única que puede bajar el
martillo, cerrando el caso.

Buscando problemas

No cometa errores: el perdón es una decisión. Dios nunca lo
obligará a perdonar a la persona que lo ha dañado, usted tiene
que decidir si va a perdonar o no. Pero antes que usted decida,
tiene que saber en qué problemas puede estar metiéndose. Por-

que si usted falla en perdonar a los que lo han ofendido, el único que sale perdiendo es usted.

La falta de perdón lo encarcela a usted en su propio pasado. ¿Qué ofensa ha escarnecido su espíritu? ¿Quién le infligió esas heridas? Si usted ha contestado ya estas preguntas, el ofensor y la ofensa están todavía vivos en su mente. Usted sabe bien cuándo y cómo el cuchillo perforó su paz. Un adulterio y usted sabe quién lo traicionó. Un negocio que se volvió estafa y la persona que la hizo está constantemente delante de usted. Un insulto y usted recuerda vívidamente cada palabra.

O puede ser que el dolor es algo más que una espina en la carne, una inquietud, un persistente sufrir que le dice que algo anda mal. Su corazón está pesado. Por momentos se siente deprimido, y no sabe bien por qué. Usted sospecha, con buena razón, que hay algo que tiene que ser aclarado y alguien con quien usted tiene que hablar. ¿Pero qué es eso? ¿Qué ha sucedido? ¿Y qué puede hacer usted?

Tanto como usted tarde en identificar los ofensores y las ofensas, usted seguirá encadenado a su pasado. La falta de perdón mantiene la herida viva, echa sal en la llaga, y la mantiene sin curar. Usted seguirá caminando por la vida sintiéndose tan mal como hoy, y quizá peor, con ningún alivio a la vista.

Hay otra alternativa. Usted puede perdonar a la persona que le hirió, y seguir adelante con su vida. El perdón abre las puertas de la prisión y le deja a usted libre del pasado.

La falta de perdón engendra la amargura. La amargura es un pecado devastador que puede ser ligado directamente a la falla en perdonar. Usted se vuelve cáustico cuando alimenta continuamente la herida que le causó otra persona. Pensamientos malignos y memorias perturbantes le distorsionan a usted la visión de la vida. La ira crece de pronto y puede volverse rápidamente incontrolable.

Cuando sus emociones se ponen más y más agitadas, así también sus pensamientos. Usted comienza a imaginar modos de venganza. Aun las conversaciones casuales con personas, le dan motivo a usted para chismes, insidias y frases malévolas hacia su ofensor. Su carne, ese horrible remanente de su vieja naturaleza de pecado, ha ganado el control.

Steve admitió que él deseaba contraatacar. Su socio lo había estafado en un cuarto de millón de dólares. Steve se halló de pronto fundido, a punto de la bancarrota.

En vez de perdonar a su socio, Steve permitió que su mente se sumergiera en el problema que había sucedido, y empezó a idear un plan de venganza. Al principio pensó que sólo eran fantasías de su mente, para aliviar un poco la tensión. Pero después se dio cuenta que su imaginación estaba alimentando su hostilidad, y destruyéndolo física y espiritualmente; se dio cuenta que podía perder mucho más que su dinero si no perdonaba a su socio, cosa que finalmente hizo.

Dios no quiere que nos amarguemos con respecto a aquellas personas que nos han hecho daño. "Y no contristéis al Espíritu Santo, con el cual fuisteis sellados para el día de la redención. Quítense de vosotros toda amargura, enojo, ira, gritería y maledicencia, y toda malicia (Efesios 4:30-31). Tómelo bien en cuenta: El Espíritu Santo se aflige cuando damos albergue en nuestra alma a la amargura, el enojo, la ira. Estas cosas están en directo contraste con las cosas que Él desea producir en nuestras vidas; esto es, gozo, paz, paciencia, amor, benignidad, bondad, fe, mansedumbre, templanza" (Gálatas 5:22-23). El fruto del Espíritu se marchita en nuestra vida, hasta que salimos de la amargura por medio del perdón.

El no perdonar le abre la puerta a Satanás. La ira y la amargura, que no se resuelven por nuestra negativa a perdonar, se hacen un cartel de bienvenida para la actividad demoníaca. "Airaos, pero no pequéis; no se ponga el sol sobre vuestro enojo, ni deis lugar al diablo" (Efesios 4:26-27).

¿Qué es un umbral? Es un punto de acceso y compromiso. Es una base de operaciones que permite al enemigo obrar. Habitualmente pensamos de actividad diabólica como prácticas de ocultismo, abusos rituales, etc. Pero hay otras que aunque no parecen ser diabólicas, porque son menos aparentes, sí son diabólicas y dañinas; ellas son las emociones malignas y las actitudes negativas, generadas por la negativa a perdonar, que invitan a Satanás a meterse en nuestra vida. Neil Anderson, que tiene una vasta experiencia tratando cristianos oprimidos, escribe: "Gran parte del terreno que Satanás gana en las vidas de los cristianos, se debe a su falta de perdón. El Señor nos advierte que debemos perdonar a otros, así Satanás no gana ninguna ventaja sobre nosotros (2 Corintios 2:10,11) [1]

Chuck Swindoll, otro prolífico escritor, nos advierte que una persistente negación a perdonar ofrece una oportunidad a Satanás. "Un buen número de años he estado interrogando a cristianos bajo influencia de demonios , pero ahora estoy completamente convencido. Si una 'puerta de entrada' ha sido concedida a los poderes de las tinieblas (tales como traficar con el ocultismo, un corazón que se niega obstinadamente a perdonar, o un estado habitual de carnalidad, etc.) los demonios ven esto como una luz verde, como una vía libre para proceder."[2]

Puede ser que usted le haya dado ocasión abierta a Satanás para que proceda en usted, debido a su propia negativa a perdonar. Póngase una mano en el corazón. Usted puede rechazar, usted puede neutralizar completamente y desarmar a este enemigo que no pertenece a su vida. ¿Cómo? Haciendo lo que hace tiempo debió haber hecho: perdonar.

La falta de perdón estorba su compañerismo con Dios. Así dijo Jesús: "Porque si perdonáis a los hombres sus ofensas, os perdonará también a vosotros vuestro Padre celestial; mas si no perdonáis a los hombres sus ofensas, tampoco vuestro Padre celestial os perdonará vuestras ofensas" (Mateo 6:14, 15). (Ver también Marcos 11:25, 26).

El perdón del Padre que nuestro Señor menciona aquí, no es aquel perdón inicial que recibimos cuando por primera vez recibimos a Cristo como nuestro Salvador personal. Nuestra salvación depende exclusivamente de lo que Cristo hizo por nosotros en la cruz del Calvario. Si su salvación dependiera de cualquier acción que usted haga después que creyó y fue declarado justo por Dios, entonces usted nunca estará seguro de su salvación.

En Mateo capítulo 6 el Señor está hablando de los perdones diarios y de las cosas diarias de la vida (el pan nuestro de cada día, el deber de perdonar diariamente). Cuando perdonamos diariamente a otros, el Señor nos perdona también diariamente, y diariamente renueva nuestra comunión con Él. Pero cada día debemos perdonar cada ofensa, para tener cada día una comunión renovada con el Señor.

Cuando usted peca, aun siendo cristiano, debe confesar su pecado al Señor (1 Juan 1:9). Ya que no perdonar al ofensor es un pecado, su negativa a perdonar debe ser confesada como pecado, o podríamos estropear nuestro compañerismo con Dios. En esencia el Señor nos está diciendo esto: "No vengas a confesar tus pecados diariamente a Mí, a menos que comprendas que es un pecado no perdonar al ofensor". Si usted no puede perdonar a otros, no puede experimentar diariamente la plenitud de la comunión con Dios.

Pero no piense tampoco que ganamos nuestro perdón y nuestro compañerismo con el Señor por perdonar a otros. Nosotros nunca ganaremos, ni mereceremos, ni ameritaremos ninguna cosa de Dios. Y no podemos pedir realmente perdón si nuestros corazones no son rectos para otras gentes.

Está usted en sentido contrario a Dios, porque ha rehusado perdonar a alguien, y eso da por resultado que Dios no le puede perdonar a usted mientras exista el pecado suyo de no perdonar a la otra persona.

Tanto tiempo como usted se crea el juez de esa persona, Dios se mantendrá como el juez de usted.

Por su propio bien, le insto a confesar su pecado de "no perdonar". No continúe pagando el precio de alimentar continuamente un rencor. Perdone, y empezará a disfrutar de la koinonía que usted desea con el Señor.

¿Por qué debe usted perdonar?

Evitar todos los peligros enumerados arriba, debería ser motivación suficiente para deponer esa actitud de no perdonar que usted quizá todavía tiene. Pero considere también estas razones positivas.

El perdón ejercita la fe que agrada a Dios. El Señor enseñó claramente a sus discípulos que la fe es uno de los mejores ingredientes del perdón. Jesús dijo que deberíamos perdonar a un hermano, aun si pecare contra nosotros siete veces al día (Lucas 17:3-4). Esto supone algo que para los discípulos era demasiado grande, y ellos respondieron: "Auméntanos la fe." (v.5)

Perdonar como Jesús demanda, requiere una vibrante fe. Porque el perdón es materia de fe. Nosotros perdonamos, y haciendo eso, demostramos nuestra buena voluntad de confiar en Dios por los resultados. Jesús implica que aun una fe "pequeña como un grano de mostaza" (v.6) es capaz de perdonar cualquier clase de ofensa.

Ángela, una mujer que trabajó en nuestras oficinas, descubrió que una fe pequeña como grano de mostaza y el perdón pueden hacer grandes cosas. Steve, su marido, la dejó por otra mujer. ¿Puede haber mayor insulto? Ángela había orado por él durante años. Él había ridiculizado sus creencias, pero ella nunca pensó que había otra mujer.

Ángela tiene un suave carácter sereno, y con todo eso, pasó por días cuando la agonía de la separación y el inminente divorcio trazaron surcos en su cara. Su angustia se hizo más intensa precisamente antes de Navidad; cuando ella le envió un regalo a su marido, y la otra mujer se lo devolvió con una nota: "No envíe más regalos. Él es mío ahora".

Pocas semanas después de Navidad sentí que el corazón de Ángela estaba a punto de estallar. Me pidió que orara por ella porque tenía que someterse a una doble mastectomía. Yo clame: "¿Por qué, Señor, permites que esta buena mujer sufra tanto?"

Cuando ella volvió al trabajo después de pasar por la operación, vi en sus ojos un destello de alegría. Se hallaba radiante. Le di la bienvenida y ella me dijo inmediatamente: "John, tengo que decirte lo que ha pasado. Pocas horas antes de la operación, Steve vino a mí y me preguntó si podía estar conmigo mientras durara la operación, y hasta que estuviera fuera de peligro. Yo tenía emociones mezcladas, pero le dije que sí. Él estuvo presente cuando me llevaron a la sala de recuperación. Y hasta me dio un beso. Después, por varios días, llamó por teléfono para saber cómo yo estaba".

Durante todo ese tiempo, Ángela sabía que su esposo se iba a divorciar de ella, eso era lo más probable. Pero también tenía alguna fe en que Dios estaría haciendo la obra en su corazón. Aunque tenía poca esperanza de salvar su matrimonio, tenía más fe que nunca, en que Steve llegaría a conocer a Cristo como su Salvador personal. Y eso era lo que más le interesaba a Ángela.

¿Fue Ángela demasiado amorosa cuando envió a su marido ese regalo por Navidad? ¿Tomó ella demasiado sobre sí misma cuando permitió a su marido estar presente en su operación? ¿Había sido una tonta al perdonarlo? Lo que yo vi no fue una tonta, sino una mujer de fe que podía ver más allá de su propio dolor y de la cortina del tiempo.

La fe aclara el aire. La fe da una segunda oportunidad. La fe crea expectativa. Dios honra la fe, y la fe agrada a Dios (Hebreos 11:6). Dios dice: "Perdona, por fe, sólo hazlo."

Perdonar es la cosa honorable que hay que hacer. Es en medio de las dificultades personales que brilla el perdón cristiano. Tal es el caso del ex entrenador de los Cowboys de Dallas, Tom Landry.

Durante muchos años he sido un fanático casual de los Cowboys, y he tenido gran respeto y admiración por Tom Landry. Uno de mis amigos es confidente suyo. Más de una vez, mi amigo me ha compartido cosas e incidentes en la vida de Landry, que lo muestran como un cristiano genuino y dedicado. Y cuando yo he estado con él, me ha demostrado una bondad y sinceridad que he hallado refrescante en nuestro mundo de pretenciosas celebridades.

Para el criterio y la opinión de cualquiera, Tom Landry ostenta una carrera sobresaliente como entrenador dentro de la Liga Nacional de Fútbol. Él levantó el equipo de los Cowboys hasta ser el "Equipo de América". Pero entonces, después de treinta años, el equipo fue vendido y Landry quedó sin trabajo, todo en el mismo día. La mayoría de la gente de Dallas sabía lo que estaba pasando, antes que el propio Landry lo supiera. La voz se había corrido y un reportero entrevistó al entrenador, aún antes de que el nuevo dueño del equipo le diera el despido.

La manera como el nuevo propietario manejó la situación fue completamente insensible. Estaba tan cautivado con su nuevo juguete que descartó a Landry como si éste fuera el periódico de ayer. Tom Landry fue tratado como un entrenador de segunda o tercera categoría.

Landry admitió que fue sorprendido y herido por un despido tan abrupto. Pero nunca perdió su compostura ni amenazó con hacer algo. Muchos de los partidarios de Dallas estaban listos para linchar al nuevo propietario, pero Landry no se sumó a la histeria. Nunca hubo un mínimo acento de venganza en su voz, aun cuando un reportero tras otro le decían que atacara a aquéllos que lo habían tratado tan mal.

Cuando el polvo se aquietó, Tom Landry emergió más grande que nunca. No sólo por su récord como entrenador, sino por su carácter como un cristiano genuino, que sabe perdonar. Una multitud de gente le hizo un homenaje. Se escribieron canciones en su honor. La ciudad de Dallas lo honró celebrando el "Día de Tom Landry", y se realizó un gran desfile en honor suyo. Y ya su nombre está en el Hall of Fame. Tom Landry es conocido como un gran entrenador de fútbol americano y un hombre de gran carácter cristiano, que sabe perdonar.

Elegir el perdón antes que el rencor no nos disminuye o abarata delante de Dios. Por el contrario, es noble y cristiano perdonar. En varias ocasiones los oponentes del Señor lo atacaron porque Él decía a la gente: "Tus pecados te son perdonados". "¿Quién puede perdonar pecados, sino sólo Dios?" (Marcos 2:7). Perdonar es la primera y única prerrogativa de Dios. Pero nuestro Dios nos ha llamado a nosotros a perdonar tal como Él lo hace.

Examine las vidas y experiencias de grandes perdonadores y hallará en ellos nobleza espiritual, no pobreza emocional. Cuando José perdonó a sus hermanos, hallamos nobleza. Cuando el profeta Oseas le perdonó a su esposa el adulterio, hallamos nobleza. Cuando Esteban perdonó a sus matadores, hallamos nobleza. Cuando Jesús exclamó desde la cruz, "Padre, perdónalos..." hallamos nobleza. Vemos a Dios.

Cuando perdonamos, somos lo mejor. De ninguna manera desmerecemos nuestra dignidad. Por el contrario, la enaltecemos.

Debemos perdonar porque Dios lo dice así. "Pero yo no lo puedo perdonar. Usted puede darme cien razones, pero ese no es el caso. Simplemente no está en mí. Aunque sea la cosa más honorable de hacer, yo no puedo perdonar". "No puedo perdonar" es la queja más común de todos aquellos que han sido lastimados y heridos por las palabras y acciones de otros. El solo pensamiento de perdonar se junta con una avalancha de emociones que bloquean lo mejor de sus intenciones.

Jennifer es algo que viene al caso. Su novio la dejó. La boda estaba planeada, las invitaciones hechas, y las toallas con monograma ya habían llegado. Pero un buen día ya muy próximo a la boda, el novio se apareció en casa de Jennifer y le dijo que tenían que terminar; sin más explicación salió de su casa y la dejó. Ella no sólo tenía que hablar con sus padres, sino también con los padres de él, que estaban más furiosos con él. Pero todo eso no ayudaba en nada a Jennifer para ella controlar su sentimiento de rechazo.

Tener que enviar cartas a todo el mundo anunciando la cancelación de la boda fue algo muy humillante. Cada una de sus amigas y damas de honor quería saber qué había sucedido. Jennifer tuvo que repetir la historia una y otra vez, hasta que enfermó físicamente. No sabía qué hacer. "¿Tengo que devolver todos los regalos de boda?¿Tengo que pagar a mis damas lo que gastaron en sus vestidos?" Cada día había más y más preguntas. Y cada una de ellas reabría la herida.

Cuando su mejor amiga y dama de honor la retó a que debía perdonar, Jennifer se hizo pedazos. Su grito fue casi un alarido, "¡No puedo!"

¿Es el perdón materia de habilidad o de obediencia? ¿Es que *no podemos* perdonar, o que *no queremos* perdonar?

Nunca descontaremos el hecho de que las emociones pueden crear una crisis de la voluntad. Lo vemos muchas veces como para negarlo. Pero la Palabra de Dios es clara: ¡Perdonad! (Mateo 6:12,14-15; 18:21-35; Efesios 4:32; Colosenses 3:1). Aunque Dios conoce muy bien nuestras conflictivas emociones, la Biblia también hace claro que cuando Dios nos pide hacer algo, Él *siempre* nos da la habilidad de hacerlo, no importa cómo nos sentimos nosotros acerca de ello.

La belleza de obedecer a Dios en sus instrucciones de perdonar, es esplendente. Cuando usted obedece se envuelve en un trato con Él. Esa obediencia cambia su enfoque, del ofensor hacia Dios. Cuando la dirección de su pensamiento es hacia los cielos, usted ve el panorama, eso hace que su herida comience a disminuir en tamaño e intensidad. Empieza usted a desarrollar una perspectiva sensible y escritural de toda la ofensa.

El acto de perdonar le proporciona a usted calma para dirigir su mente. Cuando usted se enfoca primeramente en Dios, el ministerio del Espíritu Santo en su vida tiende a ser mejorado y enaltecido, no estorbado. Le trae a usted confort y salud espiritual. Y cuando el Espíritu actúa en su vida, usted viene a ser un instrumento de paz en Sus manos.

¿Cuál es mi mejor consejo?, pregunta Malcolm Boyd. Aprenda a practicar el perdón. La energía que perdemos cuando le damos cabida al resentimiento es incalculable y destructiva. De hecho, es capaz de matar. Trate de emplear esa energía en una manera creativa y provechosa. Déle honra al credo: "¡Vivir!"[3]

El modelo del verdadero perdón

E *l ejemplo supremo del perdón lo tenemos en la persona del Señor Jesucristo.* El propósito de Su venida a la tierra fue ofrecernos el perdón a nosotros, y el perdón divino es el único medio por el cual podemos nosotros perdonar a otros.

Ya hemos comprendido que el perdón genuino habrá de costarnos algo. Perdonar no es un ejercicio de justicia con el cual nos garantizamos arrepentimiento, disculpa y restitución por el ofensor. Perdonar es algo relacionado con la misericordia. Libramos al ofensor de todo compromiso con nosotros, y no le exigimos ninguna compensación por el mal físico, emocional, material o financiero que hemos sufrido en sus manos. No es maravilla que nuestras emociones griten, "¡No puedo perdonar! ¡No es justo! !Prefiero morir!"

Tom Thompson, mi coautor y asociado en The Art Of Family Living, habla acerca de una situación terrible que grabó en su corazón una ilustración inolvidable del costo del perdón. La experiencia de vida y muerte de Tom no sólo ilustra el costo del perdón, sino que pone en perspectiva, por ilustración, lo que le costó al Señor Jesús perdonarnos.

Varios años atrás Tom sufrió un melanoma maligno que le fue extirpado de su sien derecha. Poco después de regresar del hospital, Tom despertó temprano en la mañana para descubrir que su almohada y la cama estaban húmedas con lo que él creyó era transpiración. Pero cuando encendió la luz, descubrió con horror que la almohada, el colchón, las sábanas y aun el camisón de su esposa estaban empapados en sangre. ¡Su propia sangre! De alguna manera, los puntos que le habían dado en la sien para cerrar la herida, se habían aflojado, y casi un litro de sangre había brotado de la arteria facial mientras él dormía.

Tom despertó a Marcia su esposa, y ambos se prepararon frenéticamente para correr a la emergencia del hospital. Pero Tom se desmayó antes de que pudieran salir de la casa. Un vecino oportuno aplicó presión en la herida y Marcia llamó al teléfono de Emergencias, pidiendo una ambulancia.

Tom perdió tanta sangre que ello puso en peligro su vida, pero sobrevivió. Le volvieron a coser la herida y, después de un largo y lento proceso de recuperación, estaba trotando carreras de 10km de nuevo.

"Nunca olvidaré la escena de ese día casi fatal", recuerda Tom. "Había sangre por todos lados. Recuerdo que pensé: *¿Con toda esta sangre fuera de mí, ¿qué cantidad ha quedado dentro? ¿Cuánta más hemorragia puede soportar mi cuerpo?*

Más de una vez, durante todos esos días, pensé en Jesucristo derramando su sangre por mí en la cruz. Él fue crucificado a causa de mi maligna condición. Él llevó mi pecado. Él soporto la tortura hasta el punto en que la sangre brotara de su cuerpo por innumerables heridas. La crucifixión es una cosa llena de sangre.

Mi cama ensangrentada describe dramáticamente el precio que Cristo tuvo que pagar para perdonar mi pecado. Él vertió voluntariamente su sangre para cancelar mi deuda. Mi perdón le costó a Él todo.

Perdonar a alguien es igual que perder sangre. Algo queda cuando usted perdona. Usted cancela una deuda moral que su ofensor nunca podría pagar. Con el acto de perdonar, usted hace un depósito de gracia y liberación en la cuenta del ofensor perdonado.

Para comprender qué es el perdón verdadero, debemos empezar entendiendo que Dios nos perdonó primero (Efesios 4:32). Pero, ¿qué es el verdadero perdón a nivel humano? Quizá la mejor manera de definir el perdón bíblico sea ilustrándolo.

Hace unos pocos años leí en el periódico una carta asombrosa dirigida a Dear Abby (Abigail Van Buren, una conocida columnista americana), que estaba encabezada: "Mujer perdona mucho, para poder seguir con vida". Creo que usted estará de acuerdo que esto es un casi increíble relato acerca de un perdón.

> Lee y yo habíamos estado casados por diez años. El año pasado él tuvo un accidente de trabajo, en que se quemó casi todo su cuerpo y además sufrió una severa herida en la espalda. Por esos días, yo estaba esperando mi bebé y teníamos una familia compartiendo nuestro hogar. Todo eso creó una atmósfera casi explosiva, y Lee por poco enloquece. Nuestro niño nació, pero desarrolló mononucleosis a las tres semanas. Lee dijo que ya no me amaba más y me abandono. La otra familia también se fue, y de pronto me hallé sola, con un bebé enfermo y tres chicos pequeños.
>
> No podía dormir. Perdí veinticinco kilos. Vivía a fuerza de tranquilizantes y tuve un quebranto nervioso. Lee volvió y me internó en un hospital psiquiátrico, y luego se relacionó con la que era mi mejor amiga desde hacía diez años, (y tal romance duró cuatro meses)...

Después que salí del hospital, Lee me engañó con una falsa reconciliación. Un día, dos horas después de hacer el amor conmigo, me dejó en el aeropuerto y se fue con su amante a Florida. Mientras tanto, mis chicos estaban enterados de todo lo que ocurría. Mi chico de siete años me rogó que le diera un tiro en la cabeza, porque no quería seguir viviendo. Era algo terrible. Perdimos nuestra casa; así que yo, con los niños, me mudé para un cuarto de la casa de mis padres, sin calefacción, en medio del invierno de Pensilvania. Súbitamente, Lee recuperó los sentidos y rompió con su amante. El esposo de ella la perdonó, y ella volvió al hogar con él y sus tres hijos. ¿Y qué le parece a usted que ocurrió? Perdoné a Lee.

Lo traje de vuelta. Recibí asesoramiento, fui a la iglesia y seguí leyendo mi Biblia. Ya no tomo más sedantes. Como normalmente y nuestra familia está intacta. Hemos vuelto a nuestra casa. Lee está completamente arrepentido y hemos restaurado nuestras vidas para evitar cualquier cosa que sea destructiva para nuestra familia.

Hace dos semanas, visité a mi amiga y le dije que la perdonaba. Lloramos juntas y estuvimos hablando por seis horas. El perdón, cuando es menos merecido, es un poder verdaderamente sanador. Al perdonarla, la relevé de toda culpa, y ahora el Señor tiene libertad para trabajar en mi vida.

Todavía me siento un poco insegura a veces. Pero estoy mucho mejor ahora que seis meses atrás. Una vida llena de sentimientos de venganza y amargura, no es vida de ninguna clase[1]

Abby se sintió tan conmovida por esa carta, que llamó a la mujer para confirmarla. Estando segura de que toda la historia era real, se decidió a publicarla.

Perdonar es...

¿Cómo esta mujer perdonó a su marido y a su amiga? Si usted lee la carta cuidadosamente, notará que se refiere a librar las partes culpables. En esa sola palabra tenemos el corazón de lo que es perdonar, y la base de una definición.

Perdonar es la sincera decisión de exonerar a la persona que le ha herido a usted de toda obligación incurrida cuando cometió el hecho.

Concentre sus pensamientos en los conceptos claves de esta definición. El perdón tiene que ser sincero, y de todo corazón. Tiene que envolver todo, su voluntad, su intelecto, sus emociones. Usted tiene que envolverse por entero, porque es la decisión suya. Envuelve su intelecto porque está basado en los hechos de una ofensa. Y también envuelve sus emociones porque lleva el peso de todo lo ocurrido.

Perdonar es una decisión. Dios nos dice que tenemos que perdonar. El perdón releva al ofensor de tener que pagarle a usted cualquier deuda. Cuando se ha cometido una ofensa hay un imperativo moral para pagar cualquier compensación por el mal hecho. Este sentido de justicia está escrito en cada fibra de nuestro ser. Pero el perdón cancela toda deuda moral.

En Mateo 18:21-35, Jesús pronunció una parábola que es lo mejor para describir lo que es el perdón. Un rey decide ajustar cuentas con todos sus siervos. Cada siervo es traído delante del rey y a cada uno se le dice el monto de su deuda. Uno de los siervos debía diez mil talentos, un equivalente a millones de dólares. El siervo no tenía con qué pagar la deuda, y el rey ordenó que su mujer y sus hijos fueran vendidos como esclavos.

El siervo se postró a los pies del rey y le rogó que le perdonase la deuda, a lo menos hasta que tuviera tiempo de pagarla. El amo conmovido por su gesto de humillación no sólo le dio más tiempo, sino que le canceló la deuda por completo y dejó a su siervo libre.

Y ahora viene el resto de la historia. Este mismo siervo, que había recibido tan grande perdón, agarró a otro siervo, que le debía a él cien denarios, el equivalente a veinte dólares, y agarrándolo por el cuello le demandó de inmediato el pago de la deuda. El hombre se postró a sus pies y le rogó que le diera tiempo para poder pagar. Pero el primer siervo rehusó hacerlo y mandó a ponerlo en la cárcel.

Y cuando el rey supo lo que había sucedido, arrojó en la cárcel al siervo inmisericorde, hasta que pagase los diez mil talentos que le debía. Jesús concluye la parábola diciendo simplemente: "Así también mi Padre celestial hará con vosotros si no perdonáis de todo corazón cada uno a su hermano sus ofensas" (Mateo 18:35).

Aunque se pueden sacar muchas lecciones de esta parábola, la más obvia es esta: cuando perdonamos de todo corazón, cancelamos toda deuda que el ofensor tenga con nosotros y lo liberamos de tener que pagarnos algo. El perdón es el modo que Dios tiene para que tratemos con y descarguemos toda ofensa de otros.

Para ayudarnos a comprender lo que es perdonar, la Biblia da a lo menos setenta y cinco descripciones de lo que es perdón. El Espíritu Santo usa una buena cantidad de términos y frases para ayudarnos a entender este divino concepto. He aquí unos pocos de ellos.

Perdonar es dar vuelta a la llave, abrir la puerta de la celda y dejar al prisionero libre.

- Perdonar es escribir en grandes letras en un cuadro, "No se debe nada."
- Perdonar es bajar el mazo en un tribunal y pronunciar: "Inocente."
- Perdonar es disparar una flecha tan alto y tan rápido que nunca pueda ser hallada otra vez.
- Perdonar es embolsar toda la basura y suciedad, y tirarlas, dejando la casa limpia y fresca.

- Perdonar es soltar las amarras de un barco, y dejarlo perderse en el mar.
- Perdonar es concederle un perdón total a un criminal condenado.
- Perdonar es aflojar una atadura de cadena puesta al cuello de un oponente.
- Perdonar es lavar una pared que ha sido cubierta de inscripciones obscenas y dejarla más limpia que antes.

Perdonar es hacer añicos un vaso de barro, de modo que nunca puede ser recompuesto otra vez.

Llene su mente con las ideas de Dios en cuanto al perdón. Ellas le darán a usted una visión clara de lo que sucede cuando usted perdona. Por ejemplo, imagine que usted es un arquero. Una flecha del enemigo lo ha herido. Quizá la flecha representa palabras de odio, abuso emocional o infidelidad. Usted se arranca la flecha de su cuerpo, pero en vez de tirársela de nuevo al enemigo, usted la arroja muy lejos de sí, tan lejos como puede. Eso es lo que significa perdonar.

O si no, piense que usted es un banquero. Tiene en su mano una nota detallando una enorme suma que le deben a usted. ¿Qué deudas de otros puede usted agregar a esa lista? ¿Calumnia? ¿Fraude? ¿Violación? Usted mira una vez la nota cuidadosamente. Pero en vez de ponerla de nuevo en el archivo, usted la hace mil pedazos. Eso es perdonar.

Cuando nosotros perdonamos, conscientemente, delante de Dios, cancelamos la deuda. Descartamos completamente la nota. Perdonamos al prisionero. Libramos al ofensor.

Con la definición y la importancia del perdón bien claros en nuestra mente, hagamos las preguntas: ¿A quiénes perdonaremos? ¿Cuándo vamos a perdonar? ¿Qué es lo que perdonaremos?

La esencia
del perdón verdadero

E*l abuso se presenta en muchas formas y en las manos de muchas diferentes personas.* A veces conocemos a los ofensores íntimamente, pero en otras ocasiones éstos son personas extrañas, de las cuales no conocemos ni el rostro ni el nombre. Los motivos de nuestros ofensores difieren también. Algunas personas nos ofenden con toda saña y mala intención. Otros lo hacen en ignorancia, sin darse cuenta de cuánto dañan sus palabras o acciones. La reacción de esos ofensores también varía. Algunos deciden no volver a hacerlo otra vez, mientras que otros están dispuestos a seguir con sus ofensas.

¿A quién debes perdonar?

¿Quién merece ser el recipiente del don del perdón? ¿Vamos a perdonar a cualquiera que nos hiera? ¿Qué si el ofensor no admite su culpa de ninguna manera? ¿Perdonaremos a la persona que no quiere reconocer que ha hecho mal? ¿Qué si la persona que nos ha hecho daño ni siquiera sabe que lo ha hecho? ¿Debemos decírselo o vamos a esperar que Dios, de alguna manera, le abra los ojos?

Nuestro perdón no debe estar limitado por la respuesta del ofensor, ni debe estar limitado a ciertas ofensas. No es de importancia como el ofensor responde a su hecho, o cuán malo haya sido. Debemos perdonar a todos cuantos nos ofenden. Punto.

Perdone al ofensor sin nombre y sin rostro. Gail y su hijita de pocos años, Angie, volvían a El Paso, Texas, después de haber visitado a sus familiares en Dallas. Era una distancia de más de mil kilómetros. Cerca de la mitad de la distancia hasta su casa, su auto se descompuso en medio del camino y en medio de la noche, en una parte muy desierta. Ellas se sintieron animadas cuando un camionero, aparentemente de buena voluntad, se ofreció a ayudarlas. Pero su esperanza se convirtió en horror cuando el hombre extrajo un revólver, las llevó a un costado del camino y las violó a las dos. Después les disparó a ambas en las cabezas, dejándolas por muertas.

Gail simuló estar muerta hasta que aquel camionero se fue. Entonces corrió frenéticamente a ver a Angie. La niña estaba inmóvil y cubierta de sangre. Soportando intensos dolores, Gail salió al camino a pedir ayuda.

Tuvo que esperar treinta minutos hasta que un hombre, gentil caballero, pasó con su auto, la levantó y la llevó al próximo hospital. Ella le dijo a la policía, en qué lugar podían hallar a Angie. Un helicóptero voló enseguida y milagrosamente hallaron a la niña viva.

Cuando Gail me contaba lo de esa noche de terror, quedé intrigado por la manera como ella se refería al hombre que las había tratado tan brutalmente. No había en su relato palabras profanas, ni tono de odio. Se refería al individuo como "el hombre que nos atacó". Gail había perdonado ya a ese hombre por lo que él había hecho. Aunque tuvo que sufrir varias intervenciones quirúrgicas a causa de sus heridas, nunca demostró deseos de venganza o desquite. Ella sabía que Dios y la policía se harían cargo de ese hombre. Ella y Angie seguirían adelante con sus vidas.

Dios nos manda a perdonar, y no limita el perdón solamente a los ofensores que conocemos. El perdón debe extenderse a toda persona que nos haya ofendido, poco o mucho; sea que sepamos o no quién es y aunque haya hecho con nosotros lo inimaginable.

Perdone a la persona que nunca dice: "Lo siento". El perdón debe concederse también a la persona que nunca pide perdón por lo que hizo. El perdón para otros no tiene nada que ver con su reconocimiento o admisión de la culpa.

Esto puede hacer el acto de perdonar muy difícil. Es difícil dejar pasar una ofensa cuando la otra persona vive en una dichosa ignorancia de lo que ha hecho, o, peor aún, no le importa nada habernos dañado. Si esa persona se arrodillara ante nosotros en el lodo y nos rogara perdón, se lo concederíamos de buena voluntad. Pero perdonar a quien no se arrepiente, eso es algo duro de tragar.

Pero piense otra vez acerca de las implicaciones del esperar tiempo para arrepentirse. Como ya hemos visto, cada momento que vivimos sin haber perdonado, andamos mal con nosotros mismos y con Dios. Seguimos encadenados al doloroso pasado. La amargura crece dentro de nosotros. Le abrimos la puerta al diablo. Y ponemos estorbos a nuestra comunión con Dios. ¿Qué si él nunca dice: "Lo siento; estuve muy mal? ¿Tendrían Angie y Gail que haber esperado largo tiempo hasta que el hombre regresara arrepentido a pedirles perdón? No. El perdón es nuestra obediencia a Dios, no importa cuál sea la reacción o respuesta del ofensor para nosotros.

Muchas personas, aun prominentes maestros cristianos, asumen del siguiente pasaje que no deberíamos perdonar hasta que el ofensor se arrepintiese sinceramente: "Mirad por vosotros mismos. Si tu hermano pecare contra ti, repréndele; y si se arrepintiere, perdónale. Y si siete veces al día pecare contra ti, y siete veces al día volviere a ti, diciendo: Me arrepiento; perdónale" (Lucas 17:3,4).

En el contexto de este mandamiento, nuestro Señor nos está preparando para tratar ofensas que vendrán inevitablemente. Nos amonesta a tener siempre respuestas positivas, amorosas y perdonadoras para quienquiera que nos ofenda. Su enseñanza trata del perdón en general, y de la actitud perdonadora que debe ser constante, y no carga el énfasis en la palabra "arrepentimiento.

Además de esto, la palabra si en el texto griego, en la frase "si se arrepintiere", significa "sea que se arrepienta o no". El punto mayor del texto es nuestra disposición a perdonar —no importa cuántas veces el ofensor nos ofenda en el día—, más que la obligación de arrepentirse que éste tiene. Lo que Jesús dice es esto: "Tú debes perdonar a tu ofensor no importa el número de veces que te ofenda, y no importa si él se arrepiente o no. Si se arrepiente, bien, maravilloso. Pero si no se arrepiente, tú lo perdonarás de todos modos".

Notemos también que Jesús nos conmina a reprender a quienes nos ofenden (verso 3). Una reprensión hecha con amor es vital en nuestro trato con todo ofensor, precisamente para que se dé cuenta de lo que hace y deje de herir a otros. Pero siendo tan importante como es, la reprensión no debe preceder ni reemplazar al perdón. En ciertos casos sigue después del perdón. Primero perdón, después reprensión. Y entonces la reprensión es amorosa y no iracunda. Vamos a discutir los detalles de la confrontación amorosa en los capítulos 12 y 13.

Debemos notar una cosa interesante y es que la parábola del Hijo Pródigo (Lucas 15:11-32) precede a las instrucciones de Jesús en Lucas 17 sobre el perdón. La amorosa y festiva recepción que el padre en la parábola le dio al hijo, prueba que ya lo había perdonado desde antes que el joven se arrepintiese. El padre ya tenía en su corazón un perdonador "Bienvenido a casa", aún antes de él saber si su hijo se había arrepentido o venía a pedir más dinero. No tenía importancia saber si el muchacho era un penitente o un abusador. De todos modos, ya estaba perdonado.

El perdón es un aspecto muy importante del amor. El apóstol Pablo describe a los corintios lo que es y lo que no es el amor, (1 Corintios 13: 4-8). Una de las cosas que el amor no hace es conservar el recuerdo de las cosas malas sufridas (v.5); esa es una descripción acertada del perdón. El recuerdo o registro se elimina por el perdón.

Jesús enseñó hasta dónde debe extenderse el amor cuando nos dijo: "Amad a vuestros enemigos y orad por aquellos que os persiguen" (Mateo 5:44). ¿Debemos esperar hasta que nuestro enemigo pida perdón, o a que exprese pena por su culpa antes de perdonarlo? Difícilmente. El Señor nos manda a amar, y el amor incluye perdón.

¿Está usted reteniendo el perdón, esperando que su dislocado amigo le pida disculpas? ¿Cuánto tiempo hace que ocurrió la ofensa? ¿Por cuánto tiempo ha esperado usted? Cada día que espera, sigue amarrado a la cadena de la ofensa. Ya ha sufrido usted demasiado. El ofensor no tiene la llave de su libertad, usted la tiene. Y la llave es el perdón.

¿Cuándo debería usted perdonar?

Un día típico de nuestra existencia está lleno de por lo menos varias ofensas menores. Un marido se levanta malhumorado después de una mala noche, y se va al trabajo sin decirle una palabra a su esposa. Ningún abrazo de despedida, ningún beso, ningún "te veo más tarde". Luego le llega a él el turno de ser ofendido. No bien entra en la carretera cuando otro marido, insomne, malhumorado y agriado, se le cruza por delante y le raspa la defensa delantera de su auto. Cuando llega a la oficina encuentra que su espacio para estacionarse ya está ocupado.

La vida está llena de tales frustraciones. Todo eso nos molesta, pero normalmente no nos devasta.

Pero luego vienen mayores afrentas y asaltos que nos paralizan por dentro. Un marido hastiado y abatido no es tan malo, todavía, como uno que pide el divorcio. Padecer contratiempos cuando uno maneja en la vía pública es una cosa; ser despedido cuando uno llega a la oficina es otra.

Así, acosados por todas esas pequeñas chispas, y a veces explosiones mayores alrededor de nosotros cada día, ¿cuándo responderemos al pedido de Dios de perdonar?

Perdone inmediatamente. El perdón debe ser el estilo de vida del creyente. Las chispas y explosiones del diario vivir, que surgen mayormente por nuestra conducta, son atenuadas por un despliegue de amor. Como puede leerse en 1 Pedro 4:8: "Y ante todo, tened entre vosotros ferviente amor; porque el amor cubrirá multitud de pecados." El amor que se expresa por medio del perdón cubre multitud de ofensas.

Cuando su marido deje la ropa que usó tirada sobre la cama, levántela una vez más, y no permita que esto se convierta en algo insoportable. Cubra eso con amor, y compre la más reciente edición de consejos caseros para maridos acosados. "Cuando su esposa se olvide de nuevo de anotar un cheque en la chequera, usted podrá exasperarse de nuevo. Pero eso no debe poner en peligro su matrimonio. Perdónela. Cuando va manejando por la calle, y un joven atarantado en un auto deportivo le pasa rozando a toda velocidad, sólo para impresionar a la mujer que va con él, perdónelo, aunque haya quedado paralizado de miedo. Perdónelo, y desista de perseguirlo".

Si adoptamos un estilo de vida que siempre perdona, nos evitaremos una cantidad de heridas y resentimientos. Ellas pasarán por encima de nosotros, como las gotas de lluvia sobre las plumas de un pato. Seguramente que por un momento vamos a sentir la punzada de la ofensa. Pero no vamos a dejar que la espina quede clavada. Bien podemos exhalar una breve oración que diga: "Señor, ayúdame a responder en amor". Rehusaremos a albergar en nuestro corazón sentimientos de desquite o venganza. La ofensa se produce, nosotros perdonamos, y ahí termina todo.

Recuerde: el perdón no es un viaje de muchas etapas, ni proceso de muchos grados. El perdón como está enseñado en las Escrituras, es algo que ocurre en un momento, al instante. A partir de ese momento del perdón ya hay resultados positivos. Perdone inmediatamente y seguirán los resultados. La obediencia a Dios es la clave.

La tardanza en perdonar de parte suya determina la tardanza de Dios en perdonarle. Usted no puede decir: "El tiempo sanará la herida". ¿Cuánto tiempo desea esperar usted para que sea restaurada su rota comunión con el Señor debido a su dureza en perdonar? Seguramente usted va a desarrollar un espíritu perdonador no por un largo proceso de espera, sino un espíritu perdonador al momento, de inmediato.

Cuando usted perdona delante del Señor, de todo corazón, inmediatamente después de haber sido herido, está haciendo lo correcto.

Usted sigue la guía de Dios. Él lo perdona a usted inmediatamente.

- Usted pone todo el asunto en las manos de Dios, acordando con Él que toda venganza es Suya, no de usted.
- Usted sale de la parálisis emocional.
- No se permita a usted mismo desarrollar negativas y pecaminosas respuestas habituales, las cuales podrían convertirse en hábitos de conducta.
- Usted tiene la libertad de encontrarse con su ofensor. No tiene necesidad de andar escondiéndose de él.

Usted abre la puerta de reconciliación con el ofensor. Usted inicia el proceso de sanidad de las relaciones.

Perdone tal como el Espíritu se lo revela. La imagen del presidente Ronald Reagan, baleado por John Hinckley, un joven de 25 años, no se borra de la mente de muchos americanos. Cuando el presidente salía del Washington Hilton y saludaba a la multitud, sonaron los disparos. Uno de los agentes secretos metió dentro de una limusina al presidente herido, mientras los otros agentes apresaban al atacante, un joven con la mente perturbada.

En el primer momento, el presidente no sabía que estaba herido. Pero sintiendo dolor en un costado y llevándose la mano al lugar, halló sangre. Recién entonces supo que había sido herido y que su vida estaba en peligro. Minutos más tarde los cirujanos extrajeron la bala, que había pasado rozando el corazón.

Hay veces en que nosotros también recibimos un balazo, sin saber ni siquiera quién lo disparó. Esas balas injuriosas pueden permanecer en nosotros por largos años, por ejemplo desde la infancia. Hemos sido inocentes e ingenuos, pero hemos sido heridos, abusados o ignorados. En nuestra confusión y temor, no nos permitimos compartir el problema con nadie. El silencio, la negación y el tiempo, han contribuido un poco a mitigar el problema, pero allá en el fondo de nuestro ser, queda la sensación de que algo anda mal.

El Espíritu Santo desea hacernos una operación quirúrgica con el agudo bisturí del perdón. La infección ya está ahí, no hay duda de que necesitamos la operación. Hay ciertas balas que deben ser extraídas, si es que usted quiere ser sanado completamente. El Espíritu sabe perfectamente dónde están alojadas las balas y lo que se necesita para removerlas. ¿Le permitirá usted que Él sea el cirujano de su alma?

¿Cuándo desea usted ser operado? ¿Tan pronto como sea posible? El cirujano está listo.

Perdonando cuando el ofensor se arrepiente. Recuerde lo que dijo Jesús: "Si tu hermano se arrepiente, perdónalo " (Lucas 17:3). La admonición es clara. Si Dios trabaja en el corazón de la persona que lo injurió a usted y ésta le pide su perdón, perdónela. Idealmente usted ya le ha perdonado en su corazón, de modo que cuando le extiende el perdón verbalmente, no está haciendo otra cosa que expresar con palabras lo que ya existe en el corazón.

Recuerde, la Biblia no enseña que debemos retener el perdón hasta que la persona se arrepienta. El perdón no está relacionado con el arrepentimiento. Debemos perdonar a los que nos ofenden, sea que se arrepientan o no. Pero la seguridad del perdón debe extenderse siempre que el ofensor diga: "Lo siento, ¿puedes perdonarme?"

¿Qué debe usted perdonar?

Borracho otra vez. Otro episodio y otro dolor de cabeza. Infidelidad, el último quiebre de la seguridad. La intimidad se ha deshecho. ¿Puede el matrimonio ser restaurado?

Hay ciertos pecados tan devastadores que parece imposible que puedan ser perdonados. Adulterio, abuso sexual, divorcio, asesinato y calumnia son ejemplos obvios. Ellos suponen un holocausto emocional que hace trizas nuestro deseo de vivir bíblicamente. Nuestra angustia hace que el perdón parezca imposible.

Cuando la misma ofensa se repite vez tras vez, también parece hacer imposible el perdón. Después de años de alcoholismo, y muchas escenas de borracheras hechas por un ser amado, eso es algo que nos lleva al borde de no perdonar jamás. ¿Tenemos que perdonar, vez tras vez, aun esa clase de ofensas?

Perdone vez tras vez. Pero me siento exhausto, cansado, harto de todo esto. ¿Tengo que seguir perdonando siempre?

Usted está haciendo la misma pregunta que Pedro le hizo al Señor: "¿Señor, cuántas veces perdonaré a mi hermano que peque contra mí? ¿Hasta siete?" (Mateo 18:21). Pedro era demasiado generoso. Los rabinos de su tiempo decían que había que perdonar sólo tres veces. Y si le ofendían una cuarta vez, entonces había que ajustar las cuentas y hacérselas pagar todas juntas.

Jesús dio una respuesta diferente: "No te digo hasta siete, sino hasta setenta veces siete " (Mateo 18:22). Es obvio que Jesús no está diciendo que el ofendido debía mantener su calma durante setenta y siete ofensas, y a la número setenta y ocho partirle la cabeza a su ofensor, su intento era enseñar que el perdón debe ofrecerse siempre, aun por pecados que se repiten vez tras vez. No importa cuantas veces ocurre el pecado, ni de qué gravedad es; Jesús nos pide que perdonemos libremente, tal y como nosotros hemos sido perdonados.

Perdonar aun la peor ofensa. Cuando alguien nos causa daño, a nosotros personalmente, o a nuestra propiedad, ¿nos debe el daño? Ellos son responsables por sus acciones. Si el hijo de mi vecino me rompe un vidrio de una pedrada o un pelotazo, sus padres son responsables de reparar el daño. Si un conductor que se salta una luz roja choca y destroza otro auto, debe pagar por toda la reparación, o comprar un nuevo auto. Esa es la ley.

Mientras ventanas y autos pueden ser reparados o cambiados por quienes los han dañado, ¿qué se debe hacer cuando la ofensa es adulterio, abuso verbal o calumnia? ¿Hay manera de reparar el daño causado por la infidelidad? ¿Hay algo que el ofensor pueda hacer o decir para poner las cosas bien? No realmente. Usted ha sido violada por su padre. Si él decide ser un amoroso y considerado abuelo para sus hijos, ¿será eso suficiente para pagar la deuda? Por supuesto que no.

Para tener una perspectiva apropiada del pecado cometido contra usted, necesita mirar solamente la parábola del perdón contenida en Mateo 18. La clave aquí es la comparación que Jesús hace entre la deuda que se nos ha perdonado y la deuda que tenemos que perdonar nosotros. Somos iguales al primer siervo que tenía una deuda enorme en términos monetarios, millones. Dios ha perdonado todos nuestros pecados, una deuda que nos era imposible pagar.

Ahora miramos a los otros, que nos deben algo por su conducta pecaminosa contra nosotros, y descubrimos que no es tanta la deuda, no importa cuan grande nos parezca la ofensa. Cuando Dios nos ha perdonado una deuda de diez millones, ¿no deberíamos nosotros perdonar inmediatamente a quien nos debe solamente veinte pesos?

Cuando consideramos la gravedad del daño que nos han hecho, no importa cuan grande parezca en términos humanos, debemos siempre verla al lado de la deuda que Dios nos perdonó a nosotros cuando pusimos nuestra confianza en el Salvador.

¿Qué es, entonces, lo que debemos perdonar? Debemos perdonar la deuda, la obligación de lo que se nos debe a causa de la transgresión que se hizo contra nosotros. Debemos perdonar las calumniosas acusaciones que nos han robado nuestra reputación. Debemos perdonar las palabras cortantes que han lacerado nuestra dignidad. Debemos perdonar la infidelidad que nos ha quitado nuestra seguridad. Debemos perdonar las acciones y perdonar a las personas que han cometido transgresión.

No importa cuan dolorosas nos parezcan las heridas que nos han hecho, siempre serán pequeñas en comparación con lo que Dios nos ha perdonado a nosotros. ¿Perdonará usted los veinte pesos del adulterio? ¿Cancelará usted los veinte pesos del divorcio? ¿Borrará usted esa deuda de veinte pesos del abuso verbal? ¿Perdonará usted la deuda de veinte pesos por la calumnia? Cuando usted comprende realmente que Dios le ha perdonado una deuda de millones, puede fácilmente perdonar pequeñas deudas de 20 pesos.

Hay una pregunta vital más que debe ser respondida acerca del perdón.

Ya sabemos en qué consiste el perdón, por qué debemos perdonar, a quién debemos perdonar, cuándo debemos perdonar, y qué debemos perdonar; ya sabemos que el perdonar a los deudores es vital para mantener nuestra buena salud espiritual y nuestro compañerismo con Dios y el prójimo. ¿Pero dónde sucede ello? ¿Cómo podemos hacerlo? ¿A dónde debemos ir para perdonar?

7

¿A dónde debe ir
usted para perdonar?

Su marido salió de la casa esta mañana, de estampida, sin decir una palabra. Usted sabe que él tiene muchas presiones en su trabajo. Pero usted estuvo sentada frente a él en la mesa del desayuno, y él ni siquiera se dio cuenta de su existencia. Y usted está herida.

Usted sabe que tiene que perdonarlo, y además está deseosa de hacerlo. Pero, ¿qué puede hacer usted? ¿Debe usted llamarlo a su oficina y decirle: "Te perdono por la forma en que me heriste esta mañana con tu indiferencia"? ¿O debe esperar hasta que él regrese a casa por la noche para decírselo? ¿A dónde debe ir usted para perdonar?

Quizá la ofensa estuvo a cargo de uno que una vez fue su novio. Desde el día en que se conocieron sus relaciones parecían estar destinadas al casamiento. Pasaron algunos años de estar orando y esperando. Todos los amigos dijeron que parecían el uno para el otro, la pareja perfecta. ¡Y él era cristiano! Y por eso fue que usted bajó su guardia e hizo lo que se había prometido a sí misma nunca hacer hasta que estuviera casada. Se sentía usted tan segura de su amor, que se entregó a él.

Pero la boda nunca sucedió. Él se fue. Una noche, con poca o ninguna advertencia, dijo que todo había terminado. Le dijo adiós. Sus lágrimas no le importaron para nada. Usted quedó petrificada y no creía lo que estaba pasando, quedó en *shock* cuando él salió por la puerta. Usted se sintió usada, burlada, abandonada.

El Espíritu Santo ha traído este incidente a su mente, y le urge a perdonar. Pero él se fue hace ya varios años atrás. Puede andar por cualquier parte del vasto mundo, y usted ni se imagina donde puede estar. ¿Tiene usted que buscarlo, hallarlo, enfrentarlo y decirle: "Te perdono", para que usted sea sanada? ¿A dónde debe ir usted para perdonar?

O pudiera ser que su padre la haya maltratado durante años, y el dolor y la pena son tan reales ahora como cuando aquello estaba sucediendo. ¿Qué es lo que puede hacer usted, especialmente ahora que él ha muerto? ¿Tiene él que seguir arruinando su vida desde la tumba? Si usted se lo permite, claro que puede. Pero ya que no puede ir hasta su tumba a decirle que lo perdona, ¿qué puede hacer usted? ¿A dónde debe ir para perdonar?

Perdonar en frente de uno que lo ha perdonado a usted

El lugar a donde usted debe ir para perdonar, no es precisamente la persona que lo ha ofendido. Primero, esa persona, ese hecho puede ser sólo un cuadro que está en la memoria, muy distante ya en el pasado. Usted no podrá saber donde hallarlo, aun si su vida dependiera de eso. En segundo lugar, el ofensor puede estar muerto. Obviamente, usted no puede ir donde él para perdonarlo. Si Dios demandara de usted que enfrentase a sus ofensores cara a cara (cosa que Él no hace), usted se vería en serios problemas.

¿Qué si la persona que lo ofendió está cerca, quizá viviendo bajo el mismo techo, su esposa, su suegra, su hijo o hija, su amigo? Usted va de golpe a esa persona y le dice abruptamente: "Te perdono". Usted puede poner de repente una tremenda carga de culpa sobre él, especialmente si esa persona ni sabe que le ha ofendido. No es trabajo suyo convencer a la gente de pecado. Ese es trabajo de Dios. Así que no vaya directamente a esa persona para perdonarle. Pero más tarde puede ir bondadosamente donde él y hablarle, también bondadosamente acerca de su conducta ofensiva (vea los capítulos 12-13); entonces, ¿tiene que ir usted para perdonar? Hay consejeros bien intencionados que le dirán que se siente, que ponga delante de usted una silla vacía, y haga de cuenta que esa silla es la persona que lo ofendió. Entonces usted le dirige a la silla palabras de perdón. Ésta puede ser una técnica que ayuda algo, pero descuida una crítica dimensión espiritual para el creyente.

Porque para el cristiano, el acto de perdonar es un acto sagrado, hecho delante de Dios, en respuesta a Su perdón para nosotros y su mandamiento de perdonar como hemos sido perdonados. Es un acto divino, por el cual confiamos que el Señor tratará con el ofensor, y traerá sanidad espiritual a nuestros corazones.

Mientras iba viajando de Éfeso a Macedonia, el apóstol Pablo le escribió un carta a la iglesia de Corinto. Les dio instrucciones sobre cómo manejar un asunto que envolvía la aplicación de la disciplina por parte de la iglesia. Al parecer, un hombre había pecado, había sido castigado, y luego se había arrepentido. Ya era tiempo de restaurarlo a la comunión y compañerismo de la iglesia.

Pablo trató con ellos este caso de disciplina. Y luego hizo esta aseveración fascinante: "Y al que vosotros perdonáis, yo también; porque también yo lo he perdonado, si algo he perdonado, por vosotros lo he hecho en presencia de Cristo" (2 Corintios 2:10). Aunque Pablo se hallaba a cientos de kilómetros de distancia, él le había extendido su perdón a ese individuo por expresárselo al Señor Jesucristo. Él estuvo de acuerdo con la decisión de la iglesia, y les comunicó su consentimiento delante del Señor.

Fíjese usted en el significado de esta expresión: "en presencia del Señor". Cuando perdonamos, le hablamos a Dios, no a una silla vacía. Siempre vamos delante de Dios para perdonar por varias importantes razones.

Dios estaba allí cuando usted fue ofendido. Cualquier cosa que le haya sucedido, dondequiera que haya sido, y en el momento en que haya sucedido, Dios estaba allí. Él vio a su padre cuando lo golpeaba a usted. Él fue testigo del asalto. Él oyó las discusiones. Él estaba allí, y en su insondable sabiduría, Él permitió que eso le sucediera a usted. Y cuando usted fue ofendido, Él fue ofendido.

David expresó esta verdad en su tocante salmo de arrepentimiento, después que cayó en adulterio con Betsabé y mandó matar a su marido Urías. "Contra ti, contra ti sólo he pecado, y he hecho lo malo delante de tus ojos; para que seas reconocido justo en tu palabra y tenido por puro en tu juicio." (Salmo 51:4) Dios estaba allí cuando David estaba en el dormitorio con Betsabé. Estaba allí cuando hizo planes para que se dejara morir a Urías. Dios vio y oyó todo. El pecado de David contra Betsabé y Urías fue un pecado contra Dios.

Cuando alguien peca contra nosotros, peca también contra Dios. Cuando usted sienta al Espíritu Santo que lo inspira a perdonar, pero a usted le parece imposible salirse de la amargura y dolor que le produjo ese vicioso hecho, recuerde que ello lastimó a Dios mucho más. Y todavía Dios está ansioso de perdonarnos todas nuestras transgresiones a un precio que usted ni se imagina, ni podría soportar: el precio de la muerte de Su Hijo. Usted puede ir tranquilamente a Él porque Él conoce la ofensa y el costo del perdón mejor que ningún otro.

Después de hablar en una conferencia, alguien me escoltaba a través de la multitud cuando una mujer se agarró de mi brazo. La mujer parecía desesperada. Con lágrimas en los ojos, me preguntó si podíamos hablar. Aunque nos hallábamos rodeados de gente, comenzó a contarme cómo había sido abandonada por sus padres.

Le pregunté qué le había dicho el Señor en cuanto a ese pecado de los padres contra ella. Me respondió con una mirada en blanco y comenzó a tartamudear. Luego admitió que en verdad ella nunca había llevado el asunto al Señor. Nunca había buscado su consuelo y dirección. Estaba dispuesta a compartir ese problema muy íntimo y familiar conmigo, un extraño y en público, antes que tratarlo privadamente con el Señor. Nunca antes había abierto su corazón al Señor.

Cuando usted perdona, vaya a quien fue un testigo presencial. Dios estaba allí.

Dios cuida y responde. Aun cuando parezca que nadie tenga cuidado de usted y su dolor, Dios lo hace, y Él ha prometido salir en defensa suya. El apóstol Pablo descubrió esta verdad vez tras vez. Fue azotado, apedreado, maltratado y aun abandonado por sus amigos. Su vida y ministerio estuvieron llenos de tribulaciones y dificultades. Afortunadamente Pablo sabía a quien acudir para perdonar. "En mi primera defensa ninguno estuvo a mi lado, sino que todos me desampararon; no les sea tomado en cuenta. Pero el Señor estuvo a mi lado y me dio fuerzas" (2 Timoteo 4:11-17).

¡Qué magnifico ejemplo de espíritu perdonador! En el mayor calor de la batalla todos sus amigos lo abandonaron. ¿Qué hizo él? El verso 17 nos da una pista: "Pero el Señor estuvo a mi lado y me dio fortaleza". Los amigos de Pablo lo abandonaron. El Señor no. A ellos no les importó nada. Al Señor sí. Pablo se volvió al Señor y perdonó a todos aquellos que habían abandonado el barco. Los exoneró a todos de culpa y cargo, y experimentó la presencia personal de Dios y su poder espiritual.

Dios tiene cuidado de sus heridas y sufrimientos mucho más de lo que usted se imagina. Por el gran amor que le tiene le ruega que perdone en Su presencia, y promete ponerse de su lado. Su Palabra le asegura que Dios es bien consciente del sufrimiento suyo, y que a la larga hará justicia. Él desea que usted deje todo en Sus manos.

Dios juzgará al ofensor. Cuando somos heridos o lastimados emocionalmente por alguien, Dios ve todo eso en una triple dimensión. Aquel que nos ha infligido la pena es deudor a nosotros, y debe por tanto responder ante Dios, que es nuestro testigo personal y juez. Dios dice también que desea que le respondamos a Él, más que al ofensor, y que esa respuesta o lo que vayamos a decir sea el perdón. De modo que cuando perdonamos a la persona ella ya no nos debe nada, pero sigue debiéndole a Dios. Cuando perdonamos a otros, debemos pensar que Dios actúa como juez y jurado sobre el ofensor.

"¿Desde cuándo tú eres Dios?" Cuando yo era joven usaba a menudo esta expresión para responder a cualquiera que me criticaba. Debido a nuestra caída humanidad, siempre estamos dispuestos a echar dudas encima de los motivos de los demás y sobre sus estilos de vida. Esta tendencia de condenar a otros está completamente en contra del espíritu perdonador. Cuando reclamamos el derecho de juzgar a todos, eso nos impide a menudo perdonar. Terminamos tomando todo el asunto en nuestra manos.

La respuesta que dio Pablo a las muchas críticas que recibió, nos enseña una lección crucial. Dijo que a él no le importaba quien lo juzgaba, si un individuo o un tribunal. ¿La razón? Dios es el Único que tiene la capacidad y la autoridad de juzgarnos rectamente a todos (1 Corintios 4:3-5).

Pablo sabía que Dios es nuestro juez. Dios conoce nuestros motivos mejor que nosotros mismos. El día llegará cuando cada uno de nosotros deba presentarse ante el tribunal de Dios. Esto es lo que Pablo tiene en mente cuando escribe en 2 Corintios 5:10: "Porque es necesario que todos nosotros comparezcamos ante el tribunal de Cristo, para que cada uno reciba según lo que haya hecho mientras estaba en el cuerpo, sea bueno o sea malo."

Cuando rehusamos perdonar, nos erigimos en jueces de las otras personas; y usurpamos el lugar de Dios y el que Él ha reservado para Sí mismo. Él sabe lo que ha sucedido. Él conoce todos los motivos que movieron el hecho. Él conoce el corazón de cada persona.

Puede ser que la persona que lo ha herido sea tan mala como se puede llegar a ser. El mandamiento de Dios es bien claro: "No os venguéis vosotros mismos, amados míos, sino dejad lugar a la ira de Dios; porque escrito está: Mía es la venganza, yo pagaré, dice el Señor" (Romanos 12:19). El desquite, la revancha no son opciones válidas. No tenemos que contraatacar. No tenemos que devolver mal por mal. En vez de eso debemos perdonar, y dejarle el juicio al Señor. Cuando perdonamos efectivamente delante del Señor, lo hacemos como un acto de obediencia, y como expresión de nuestra confianza en Él como juez.

Dios sacará mucho bien de todo lo que ha sucedido. Muy a menudo citamos el conocido texto de Romanos 8:28: "Y sabemos que a los que Dios aman, todas las cosas les ayudan a bien, esto es, a los que conforme a su propósito son llamados." ¿Es este pasaje cierto también cuando alguien nos daña intencionalmente? ¿Puede Dios sacar algo de bien de un amargo divorcio, o un acto de infidelidad? ¿Realmente Dios comprende todas las cosas? Sí, absolutamente.

Los hermanos de José, llenos de odio contra él, lo echaron en una cisterna; y después lo vendieron como esclavo para Egipto (Génesis 37). ¿Estaba Dios contemplando todo eso? ¿Tenía Dios cuidado de José? ¿Podría Dios sacar algún bien de todo el mal que estaban haciendo los hermanos de José? Sí. El resto de la historia nos dice que José ascendió de la esclavitud hasta ser el segundo oficial de Egipto, menor solamente al faraón. Y con el tiempo se reunió con sus hermanos y su padre (Génesis 39-47).

Después que murió Jacob, los hermanos de José estaban con miedo, pensando que José se vengaría de ellos ahora que el padre había desaparecido. Decían entre ellos mismos:

"Quizá nos aborrecerá José, y nos dará el pago de todo el mal que le hicimos" (Génesis 50:15).

Pero la respuesta de José demostró que había perdonado a sus hermanos desde mucho tiempo atrás: "Y les respondió José: No temáis; ¿acaso estoy yo en lugar de Dios? Vosotros pensasteis mal contra mí, mas Dios lo encaminó a bien, para hacer lo que vemos hoy, para mantener en vida a mucho pueblo" (vers.19-20). José rehusó erigirse en juez de sus hermanos porque sabía que esa posición es exclusiva de Dios. Su historia y la de sus hermanos revela cómo Dios puede sacar bellas cosas de malos hechos.

Desde el principio hasta el final, Dios no sólo está viendo todo lo que a usted le pasa, sino que está trabajando para sacarlo bien de su dolor personal. Él está decidido a cambiar todas las cosas para bien alrededor suyo, si usted solamente perdona y lo deja a Él hacer su perfecta obra. Cuando vamos delante del Señor para perdonar, estamos diciendo: "Señor, yo creo que me sacarás bien de mi presente dolor, y lograrás algo beneficioso de mi pena".

Dios revela la necesidad de perdonar. Todos aquellos que hemos dedicado nuestra vida al ministerio de Dios, pronto descubrimos que tenemos que perdonar, o perder nuestra salud espiritual. El ministerio evangélico tiene muchas satisfacciones, pero también muchos dolores. Uno de los más grandes problemas es la falta de lealtad. Yo he sido herido por la espalda muchas más veces de las que puedo recordar.

En cierta ocasión un joven —lo voy a llamar Ben— esperó que yo saliera del pueblo para atacarme, y dijo muchas cosas de mí. Cuando regresé, Ben rehusó contestar todos los llamados telefónicos que le hice para aclarar las cosas. Rehusó también todas las invitaciones a conversar juntos nosotros y las personas envueltas en el asunto. Al mismo tiempo, siguió hablando con todas las personas interesadas. Habló con todas ellas hasta por demás, pero conmigo no habló nunca.

Un amigo íntimo mío, que conocía bien toda la situación, me dijo: "No vale la pena tanto esfuerzo, John. Olvídate de Ben, y sigue adelante". Así lo hice, o pensé que lo hacía; hasta que un día alguien mencionó en mi presencia el nombre de Ben, y descubrí que yo estaba deseando hacerle a él lo que él me había hecho a mí, esto es, chismear y calumniar.

En ese preciso momento sentí al Espíritu Santo decirme: "¿Tú no has perdonado a Ben todavía, ¿verdad?" Mi deseo de vengarme de él estorbaba mi perdón y revelaba mi dureza de corazón. Le confesé al Señor que no había perdonado todavía a Ben por el mal que me había hecho, a mí y a mi familia. El perdón era la única manera de arreglar las cosas. Y entonces yo, de todo corazón, perdoné a Ben delante del Señor.

Pocos días después vi a Ben por primera vez. Yo estaba completamente tranquilo cuando estreché su mano y lo invité a que me llamara para platicar juntos. Él nunca me llamó, pero yo hice lo que Dios deseaba que hiciera. Ya no era más asunto mío. Ahora todo el asunto estaba entre Ben y Dios.

Cuando las piedras herían su cuerpo, y su vida se le escapaba, Esteban levantó los ojos al cielo y vio a Jesús sentado a la diestra del Padre, y entonces clamó a gran voz: "¡Señor, no les tomes en cuenta este pecado!" (Hechos 7:60). Apedreado, herido, magullado, Esteban acudió a Dios y perdonó a aquellos que tanto mal le hacían, sin razón y sin causa. Esteban sabía lo que es perdonar en la presencia del Señor.

Perdonar a alguien es una expresión personal, profunda y espiritual, que Dios dirige por medio de Su Palabra y Su Espíritu. Cuando perdonamos nos ponemos delante de su santo trono. Entonces Él nos muestra a quién necesitamos perdonar, y nos da el poder para hacerlo.

Usted no necesita ponerse enfrente de su ofensor, ni pararse delante de una silla vacía, para perdonar. Todo lo que necesita es un corazón dispuesto y un espíritu listo para ir delante de Dios y decir por fe: "Señor, yo perdono a mamá. Perdono a papá. Perdono a mi esposa. Perdono a mi amigo. Perdono todo a todos, delante de Ti". ¿Está usted listo?

El momento
sagrado del perdón

El perdón es el fundamento de la relación de Dios con nosotros. Su amor, Su bondad, Su guía, Su protección, Su misericordia, Su alegría, Su justificación, Su adopción de nosotros como sus hijos, Su obra de hacernos santos, —todo, todo— viene a través del canal de Su perdón. Aparte y fuera de Su perdón no podríamos tener ni conocer ninguna de tantas bendiciones espirituales. El momento en que usted recibe el don de Dios, es un momento sagrado.

La palabra de Dios nos dice repetidamente que nosotros debemos perdonar al que nos ofende, en el mismo modo y con el mismo amor con que Dios nos ha perdonado a nosotros. No hay nada casual ni frívolo en el acto del perdón. Tanto como el momento en que Dios nos concede Su perdón es sagrado, así es sagrado el momento en que nosotros concedemos nuestro perdón a cualquiera.

¿No es este un momento como para que usted entre en la presencia del Señor, para un sagrado momento de perdón? ¿Están sus manos llenas? Bien. Traiga sus cargas con usted, pero esté listo a dejarlas allí, en la presencia de Dios. Por fin ha llegado usted al lugar exacto, para encontrarse con la Persona precisa, para tratar todos sus dolores. Usted no está trayendo nada que Él no conozca ya, ninguna de esas cosas es sorpresa para Él.

Permítame señalarle los pasos que usted debe dar en su sagrado momento de perdón.

Esté solo con el Señor. Busque algún lugar quieto y tranquilo donde no sea interrumpido, haga un largo paseo a pie, o encuentre un lugar retirado y silencioso, para estar a solas con Él. Haga de esto una experiencia sagrada, sólo entre usted y Dios. Evite toda distracción, así puede oír la música de los cielos. Tome para usted mismo plenitud de tiempo y espacio.

Puede usted empezar arrodillándose. Esté listo para cederle todo al Señor. Cada ofensa recibida, cada herida abierta, cada resentimiento o despecho. Solamente dígale al Señor: "Señor, reconozco que soy tan pecador como aquellos que me han ofendido a mí. Te doy gracias porque has perdonado todos mis pecados. Yo deseo tener Tu mismo carácter perdonador. Deseo conocer cómo es Tu corazón cuando perdona".

Recuerde que Él ya lo ha perdonado a usted. Tome unos momentos para mirar atrás, hacia la cruz. Recuerde a Jesucristo, cuando los clavos horadaban sus manos y sus pies, y una corona de espinas le llagaba las sienes. Piense en la sangre que Él derramó para cubrir todos sus pecados. Piense en la enorme deuda que usted tenía con Dios, y que fue saldada completamente en el Calvario. Déle gracias a Dios porque Él pagó tan enorme precio. Déle gracias al Padre por haberle perdonado. Usted puede orar de esta manera: "Padre celestial, Tu Hijo murió en la cruz para que yo pudiera ser perdonado. Y Tú has perdonado todos los pecados que he cometido contra Ti. Yo te he ofendido de muchas maneras, pero Tú me has perdonado todo. Padre, ayúdame a extender a otros esa misma clase de perdón que Tú me has concedido libremente. En el nombre de Jesús. Amén".

Pídale al Espíritu Santo que sea su consejero. Pídale al Espíritu Santo, el Consolador y Consejero, que le muestre la persona o las personas a quienes usted debe perdonar. Usted se sorprenderá al ver qué personas el Señor trae a su mente. Quizá es una persona, o incidente, que usted ha bloqueado durante años a causa de la magnitud de la pena. Si tal suceso le ha producido a usted un trauma considerable, necesita de un grande y buen consejero para salir del paso. Ese consejero puede ayudarle a orar; y ayudarle, con la Palabra de Dios, a sanar las heridas que sufre desde hace mucho tiempo.

Escriba los nombres de cada persona, y mencione cada ofensa que Dios le traiga a su mente. Siga escribiendo todo el tiempo que el Espíritu Santo le esté refrescando su memoria. Él desea que usted limpie perfectamente su casa. Y para hacer eso Él le ayuda maravillosamente.

No trate de escapar del dolor; más bien déjelo que se vaya. Tome algunos momentos para tratar honestamente con el dolor emocional, que el recuerdo de sus pasadas experiencias le ha traído y grabado. El perdón es una decisión, pero no es una decisión fría, dura, vacía de significado. De hecho, sentir fuertes y honestos sentimientos es señal de que el perdón es real.

Cuando el Espíritu Santo le traiga una persona a su mente, usted puede revivir la penosa experiencia simplemente con recordarla. En vez de esconder ese dolor, o reaccionar contra él, sométalo, suéltelo delante de Dios.

Lleve cada persona y cada ofensa delante del Señor. Ore: "Señor delante de ti perdono a (el ofensor) por haberme hecho (la ofensa). Ya no trataré más de vengarme o tomar desquite. Confío en que Tú actuarás en defensa mía. Sana mi quebrantado corazón".

Destruya todos los registros de pasadas ofensas. Corrie ten Boom, la extraordinaria cristiana holandesa, que fue apresada por los nazis —por ocultar judíos fugitivos— durante la Segunda Guerra Mundial, descubrió en un incidente notable que ella no había perdonado enteramente un mal que le habían hecho, hasta que dejó de pensar en ello y dio gracias por esa memoria:

> Recuerdo el tiempo... cuando algunos amigos cristianos que yo amaba, y en quienes confiaba, me causaron una herida... Muchos años más tarde, después que había cumplido mis ochenta años, un amigo americano me visitó en Holanda. Cuando nos sentamos en mi pequeño apartamento en Baarn, él me preguntó acerca de aquellas personas que largo tiempo atrás habían tomado ventaja sobre mí.
>
> —No es nada —dije con engreimiento—. Todo ha sido perdonado.

—Por usted sí, —dijo él— ¿pero han aceptado ellos su perdón?

—¡Ellos dicen que no hay nada que perdonar! Ellos niegan todo lo sucedido. Pero no importa todo lo que ellos digan, yo puedo probar que ellos actuaron muy mal. —Entonces fui a mi escritorio. —Vea, —le dije—, tengo todo en blanco y negro. Guardé todas estas cartas, y le puedo mostrar a usted donde...

—¡Corrie! —dijo mi amigo, estiró el brazo y gentilmente cerró el cajón—. ¿No es usted una cuyos pecados han sido echados al fondo del mar? Sin embargo, usted conserva todavía los pecados de sus amigos escritos en blanco y negro.

Quedé estupefacta. Por un momento no pude recuperar mi voz. —Señor Jesús —suspiré por fin—. Tú, que has perdonado todos mis pecados, los has borrado y echado al olvido; perdóname por haber conservado durante tantos años estas evidencias contra mis amigos. Dame la gracia de quemar todos estos papeles como un sacrificio de olor suave para tu gloria.

No pude conciliar el sueño en toda la noche hasta que saqué todas las cartas del cajón, amarillas y arrugadas ya por el tiempo. Me dirigí hasta mi pequeña estufa y allí las eché. Cuando las llamas bailaron y cantaron, así lo hizo mi corazón. "Perdónanos nuestros pecados; nos enseñó a orar Jesús, "así como nosotros perdonamos a nuestros deudores". En las cenizas de esas cartas estuve viendo otra faceta de Su misericordia. [1]

Corrie ten Boom, en un momento de decisión, quemó todas esas cartas incriminatorias de sus amigos, la cuales ella había guardado por largos años. Puede ser que usted también esté conservando en el archivo de su memoria viejas ofensas, heridas del pasado, golpes que sufrió a manos de otros, lastimaduras del corazón. Por supuesto, usted siempre recordará sucesos antiguos. Su memoria no puede ser borrada como una cinta magnetofónica. Pero con la ayuda del Señor, puede rehusar conservar malos recuerdos de hechos dolorosos, y las emociones dolorosas que ellos evocan.

El amor no guarda memoria de los males que nos hicieron (1 Corintios 13:5). Después que usted haya escrito en un papel los nombres de las personas que lo han herido, y los hechos que le hicieron, destruya ese papel como símbolo de su decisión de librar al ofensor de toda obligación moral incurrida por sus acciones. Usted ha cancelado la deuda. Usted ha aceptado las consecuencias de las acciones de esa persona. Usted nunca más va a buscar desquite, ni procurará ningún daño para esa persona.

Mientras usted esté dando estos pasos hacia el perdón, permítame relatarle el caso de Doris, una mujer que compartió con nosotros, recientemente, cómo Dios la ayudó a perdonar en circunstancias muy difíciles. Doris escribió lo que les sucedió a ella y a su amiga, mientras caminaban alrededor de un hermoso lago en un parque.

> El sol brillaba intensamente, los pájaros piaban, y la gente despreocupada caminaba alrededor de nosotros en el hermoso día de primavera. Pero yo no podía compartir ninguno de esos sentimientos. Estaba cogida en un torbellino de emociones, que iban de ira y amargura a profundo dolor y tristeza. Caminaba enojada, pateando piedras, apenas capaz de seguir la conversación. Estaba tratando el adulterio de mi marido, por segunda vez.
>
> La primera vez que lo hizo, sufrí en silencio y lo perdoné rápidamente. Sufrí inmensamente, pero con el consejo, apoyo y oraciones de mi amiga, lo soporté. Recuerdo lo que me dijo el

Señor en aquel tiempo: "¡Setenta veces siete!"
Me indicaba que yo tenía que perdonar el mismo
número de veces que le dijo a Pedro. También el
Señor me hizo ver 2 Corintios 2:7: "Así que, al
contrario, vosotros más bien debéis perdonarle y
consolarle, para que no sea consumido de demasiada tristeza".

Pero esta vez fue diferente. Me hallaba lívida
de ira. ¿Cómo podía mi esposo hacerme eso por
segunda vez? ¿Cómo podía repetir su hecho después que yo lo había perdonado tan bondadosamente? ¡Qué tonta yo había sido! Y entonces mis
emociones me llevaron como en torbellino a mi
pasado. ¿Por qué me pasaba eso a mí? ¿Por qué
tenía que ser yo *siempre* la que tuviera que sufrir?
Recordaba el tiempo en que mi padre murió,
siendo yo muy joven, y mi madre debido a la
soledad y el sufrimiento se volvió alcohólica.
Sufrí mucho en esos tiempos de soledad y rechazo. Y siempre me hacía la misma pregunta: ¿Por
qué siempre las cosas me pasaban a mí?

Mientras volcaba toda mi amargura sobre mi
amiga, también era capaz de escucharme a mí
misma. Y esto era todo lo que yo escuchaba: mi
propia voz. Estaba completamente centrada en mí
y no veía nada más que mi problema. Pero nada
me importaba. Estaba decidida a hacer algo. Estaba cansada de ser siempre la víctima.

Pero entonces, quieta y suavemente me habló
el Espíritu Santo. Así es como debe haberse sentido el Señor Jesús. Él nunca hizo nada malo, sin
embargo sufrió horriblemente. En 1 de Pedro
2:22,24, leemos: "El cual no hizo pecado, ni se halló
engaño en su boca... quien llevó Él mismo nuestros

pecados sobre el madero, para que nosotros, estando muertos a los pecados, vivamos a la justicia".

Súbitamente sentí vagamente la medida del propósito que me llevaba. "Así es como debió sentirse el Señor Jesús, y aún peor." Agradecí al Señor por esa comprensión. Tuve que humillarme al comprender el contraste entre lo que Jesús sufrió por mí y mi propia amargura. Mis pasos se aligeraron y sentí una especie de consuelo. "Porque no tenemos un sumo sacerdote que no pueda compadecerse de nuestras debilidades, sino uno que fue tentado en todo según nuestra semejanza, pero sin pecado" (Hebreos 4:15).

Mi amiga y yo continuamos caminando y charlando, y al rato paramos. Cuando salimos del parque yo me sentía todavía herida. Todavía sentía amargura e ira. Sabía que el camino que tenía que recorrer aún no sería fácil. Pero también sabía que nunca estaría sola en mis angustias. Otra vez el Señor trajo a mi mente la frase "setenta veces siete" y mi necesidad de obedecer y perdonar.

Yo escogí perdonar. Al principio mi corazón no estaba completamente seguro. Pero gradualmente la amargura fue diluyéndose, y el amor fue tomando su lugar. Perdonar no es solamente una emoción. Es una decisión. Las palabras de Pedro tomaron un nuevo significado para mí: "por cuya herida habéis sido sanados".

Más allá del perdón

Usted sabe en su corazón que ha hecho lo recto. Usted ha obedecido a Dios. Usted ha perdonado. Ha aceptado el costo. En cierta pequeña medida, ha experimentado la clase de sufrimiento que Cristo soportó en la cruz cuando pagó el precio del pecado de todos nosotros. Esté preparado. Su decisión de perdonar puede ser combatida. Alguien lo va a considerar un tonto. Pensamientos perturbantes pueden atacarle, para hacerle considerar si no sería conveniente revisar de nuevo el caso. Sus respuestas emocionales pueden dejar de ser positivas. Pero tenga confianza; al perdonar usted ha hecho la mejor cosa que podía hacer. En la Segunda Parte del libro vamos a discutir maneras que usted tiene para defender su decisión de perdonar, tratar con sus conflictivas emociones, y aprender a amar al ofensor por medio de la confrontación y reconciliación. Cuando usted haya perdonado, recuerde que lo que sigue al perdón es paz, quietud y confianza para siempre (Isaías 32:17).

Pero antes de que pasemos a la Segunda Parte, hay otras dos cosas que debemos considerar. Usted puede acusarse usted mismo, o acusar a Dios, por algunos de los sufrimientos que ha tenido. Usted puede perdonar a sus padres, su cónyuge, sus amigos, o aun a extraños —de los cuales no conoce el nombre ni recuerda el rostro—, cuyos malos hechos lo han hecho sufrir tanto. Pero si no cesa de culparse a sí mismo, o de culpar a Dios, usted nunca recibirá completa y verdadera sanidad espiritual.

8

Záfese usted
mismo del aprieto

*C**uando Beverly y Jim vinieron a mi oficina para consejo
prematrimonial, ambos estaban visiblemente inquietos.*
Beverly jugueteaba con una hoja de papel y Jim miraba
distraídamente por la ventana. Después de charlar un poco,
comenzaron a sentirse más confortables.

El cuestionario que ambos habían contestado antes de esa
primera sesión, ya me había alertado de un problema que
podría devastar su proyecto de matrimonio. Era claro que
Beverly pensaba que su vida estaba destrozada. Veía su
existencia como una simple lucha por sobrevivir.

Cuando hablábamos los tres animadamente, Beverly contestó con alguna excitación varias preguntas cortantes que le
hice. Entonces le pedí que me describiera el hogar donde se
había criado. No se me ocultaba el hecho de que Berverly
estaba acomplejada por algo malo que le había ocurrido en su
adolescencia o juventud. Respirando profundamente, ella
comenzó a descorrer el velo de su pasado.

Beverly había quedado embarazada a la edad de dieciséis
años. Su embarazo había sido como una sentencia de prisión.

Sus padres actuaron como fiscales, y ella no tuvo otra opción más que constituirse en su propia abogada defensora. Ella perdió el caso. Fue condenada a nueve largos meses de ostracismo. No conoció más que su dormitorio y el pasillo que iba al baño.

Durante todo ese tiempo de cárcel domiciliaria, sus padres apenas le dirigieron la palabra. Tanto ellos como ella misma, pensaban que aquello que había llegado a la familia era una desgracia irreparable. Beverly no podía olvidar las quemantes palabras de ellos: "¿Cómo pudiste hacernos esto a nosotros? ¿Qué pensarán los vecinos? ¿No te importa nada nuestro buen nombre?

El parto fue extremadamente penoso para Beverly, pero no tan penoso como el hecho de que le quitaran su bebé. Los nueve meses de embarazo parecieron una eternidad, el nacimiento fue traumático; y al fin de tanta angustia, dolor y tormento, los brazos de Beverly estaban vacíos. El niño que tanto amaba se había ido.

La respuesta de sus padres, aunque esperada, partió su corazón. Nunca habían reconocido al bebé y no permitieron que su "buen nombre" estuviera escrito sobre la cama del hospital. Sobre la puerta del cuarto había un solo nombre, "Beverly".

Ella me contó toda su historia sin derramar una sola lágrima. Para ella las lágrimas ya no existían. Parecía ser todavía una prisionera. Sus manos se crispaban sobre los brazos de la silla como si fueran las barras de una celda. En su mente seguía siendo una prisionera. Se había impuesto a sí misma una condena para toda la vida, sin un solo chance de vivir una vida normal.

Beverly le hacía frente a una de las clases más dificultosas de perdón. Perdonarse a sí misma. Los años que habían pasado no le habían traído ningún alivio ni le habían resuelto su complejo de culpa. Aún las tiernas palabras de su novio no le habían traído consuelo. Ella había aceptado toda la culpa que sus padres le echaron encima, y con la culpa le había venido un dolor casi insoportable.

Síntomas de
autocondenación

Beverly era un ejemplo de ira y falta de perdón metidos en su interior. Llámesele a eso autocondenación. La autocondenación produce una especie de estancamiento en que la voluntad queda como dormida. Es una amargura y resentimiento de la persona contra sí misma, que yace en un compartimiento sombrío de su propio corazón dolorido.

¿Está usted aprisionado por sentimientos de autocondenación? ¿Se ha puesto usted mismo boca abajo en alguna área de su vida por tanto tiempo como el que usted puede recordar? Ya sea que su sufrimiento fuera tan severo como los de Beverly, o su problema más sutil, hay dos señales que indican que usted está fallando en perdonarse a sí mismo. La primera señal es un afán frenético de perfeccionarse en alguna faceta de su vida. Usted vive su vida tratando de convencer a alguien, pero, ¿a quién? La segunda señal de autocondenación es un constante y persistente complejo de culpa, con el cual su conciencia lo acusa permanentemente.

Perfeccionismo. ¿Está usted encerrado en la prisión de la acción? ¿Está usted tratando constantemente de vivir en un nivel superior de vida? ¿Siente usted una casi insoportable presión por lograr la aprobación de Dios? Cuando usted falla, ¿se siente impulsado a trabajar el doble de lo que trabajó antes? "Tengo que hacer esto a causa de haber fallado", se dice usted a sí mismo. Y, no importa lo que usted haga, siempre le parece insuficiente. Su compulsión a ser perfecto persiste, y eso lo está volviendo loco.

Tendencias como estas, en combinación con otros patrones impulsivos de conducta, lo condenan a usted a estar siempre en una prisión emocional. Su propia falla en perdonarse a sí mismo lo pone a usted en una cámara de torturas de su propio diseño. Por creer que usted puede así ganar el favor y el perdón de Dios, se ha sentenciado a una vida de continua desaprobación y desencanto. El tiquete a la libertad es ver apropiadamente y comprender y aceptar como Dios les ve a usted y sus pecados.

Culpa. En mis días de colegio trabajé como trabajador social entendido en psiquiatría. Mis responsabilidades incluían examinar a individuos perturbados con tendencias suicidas, para hospitalización de emergencia. Yo tenía que examinar a ambos, el paciente y su familia, y luego hacer las debidas recomendaciones a un juez.

Haciendo este trabajo pude apreciar cómo el complejo de culpa destruye rápidamente a una persona. Recuerdo haber entrevistado a una mujer divorciada que tenía dos hijos. Después de haber tenido un asunto amoroso, la mujer empezó a mostrar una extraña conducta. En un fútil intento de limpiar su propia vida, obligaba a sus hijos a tomar cinco baños diarios. Un día sacó su cama afuera y le prendió fuego; porque le recordaba el adulterio que había cometido. La culpa llevó a esta mujer a un estado de semilocura.

La culpa es un sentimiento torturante que dice: "Tú estás mal". Como un ácido, corroe lentamente nuestro espíritu. El dolor viene a ser una fuente de energía mal dirigida. Su familia y sus amigos lo describen a usted como desordenado y compulsivo. La actividad parece suavizar un poco su culpa, al menos por un tiempo. Usted se mantiene constantemente ocupado y así no tiene que estar a solas con sus pensamientos condenatorios. Toda su febril actividad es su débil intento de evitar enfrentarse con el real problema: la necesidad de perdonarse a sí mismo.

¿Por qué no se puede perdonar a sí mismo?

Cada intento de escapar usted a su culpa y autocondenación, tratando de ganar su propio perdón, es fútil y de corta duración. ¿Por qué sigue intentando lo que no le da ningún resultado? Porque su conducta de autojustificación descansa sobre tres débiles pilares: una equivocada opinión de sí mismo, una vista equivocada de sus pecados pasados, y una vista equivocada de su actual relación con Dios. Para experimentar el gozo y la libertad del perdón, usted debe cesar de tratar de cumplir esas tres distorsionadas demandas, impuestas por usted mismo, y aceptar la perspectiva de Dios.

Su concepto de usted mismo está distorsionado. ¿Cómo se ve usted a sí mismo? ¿Con quién se mide usted para juzgar su éxito o fracaso? Hay dos errores muy comunes que siempre cometemos cuando nos evaluamos a nosotros mismos:

Primero, nos juzgamos a nosotros mismos por los valores del mundo. El mundo dice que no hay nada peor que padecer celulitis o tener un pecho plano. Pues la apariencia exterior es uno de los principales parámetros con que mide el mundo.

Pero, ¿qué es lo que Dios dice? "El hombre mira lo que está delante de sus ojos, pero Jehová mira el corazón" (1 Samuel 16:7). La implicación es obvia: su corazón importa más que su apariencia exterior. A Dios no le importa si usted es una chica de tapa de revistas o si es el Sr. América. La única cosa que a Él lo impresiona es un corazón puro.

Así que, ¿por qué tenemos una virtual epidemia de mujeres cristianas enfermas de bulimia o anorexia? Porque hemos buscado en el mundo cuáles son los valores importantes. Hemos jugado a compararnos con los valores que tiene el mundo, hemos perdido, y no podemos perdonarnos el hecho de haber fallado.

Segundo, nos hemos engañado en una distorsionada visión de nosotros mismos cuando imaginamos que somos independientes y autosuficientes. Esta aparente autosuficiencia no es nada más que orgullo. Cuando el orgullo trabaja, cualquier falla o traspiés nos deja aniquilados. Si pensamos que lo poseemos todo, cualquier error que cometamos se hace más grande que la vida. Popularmente se le llama a eso baja autoestima, pero en realidad es orgullo.

¿Está usted empollando algún pecado pasado, o alguna falla antigua? ¿Por qué? ¿Espera usted realmente una perfección impecable? ¿Piensa usted que nunca debe hacer una movida equivocada o cometer un error? Si usted tiene tales equivocadas expectativas de usted mismo, entonces usted vive con una perspectiva distorsionada.

La vida de Pedro ilustra este problema de perspectiva. Él dijo a Jesús que estaba dispuesto a morir por Él. Ningún costo personal sería demasiado grande. Pedro se veía a sí mismo como el perfecto amigo que nunca abandonaría a Jesús. Pero apenas dos o tres horas más tarde, Pedro estaba negando tres veces a Jesús. Pedro era débil, y Satanás usó su orgullo para hacerlo caer.

Nosotros estamos confeccionados de la misma tela que Pedro. Nosotros también podemos ser derrotados fácilmente. ¿Ha perdido usted alguna batalla? ¿Varias, dice usted? Así pasó con Pedro. Así con Pablo. Así le pasará a usted.

Hay una gran diferencia entre Pedro y usted. Él le hizo frente a su fracaso y aceptó el perdón de Dios. Aunque había fallado miserablemente, Dios lo usó poderosamente. El día de Pentecostés predicó un sermón que trajo como resultado la conversión de tres mil almas. Pedro no permitió que una autoconmiseración mal entendida le amarrara las manos. Pedro clavó en la cruz su pecado de orgullo, y siguió adelante con su vida y ministerio.

Su concepto de pecado está distorsionado. Quizá usted está pensando: "Bien, Dios perdonó a Pedro, pero no me perdonará a mí después de lo que he hecho". Y usted no puede perdonarse a sí mismo porque no cree que Dios lo ha perdonado a usted.

Si usted piensa de esta manera, usted piensa mal. ¿Cuál es su "pecado imperdonable? Nómbrelo. ¿Adulterio? Recuerde lo que Jesús le dijo a la mujer sorprendida en adulterio (Juan 8:11). ¿Divorcio? Recuerde que Él ministró a una mujer que se había divorciado cinco veces (Juan 4:1-26). ¿Asesinato? Recuerde lo que Dios le dijo a David después que éste había mandado matar a Urías para quedarse con su mujer (2 Samuel 12:13). ¿Homosexualismo? Recuerde lo que Pablo les dijo a los corintios que habían sido homosexuales (1 Corintios 6:9-11). ¿Y qué acerca de alcoholismo, calumnia, desfalco? Lea 1 Corintios 6:9-11 otra vez.

Si usted mantiene todavía algún pecado contra sí mismo, es porque no comprende todavía, o si comprende rechaza lo que Dios dice acerca del pecado. He aquí la verdad:

Primero, *sus pecados están más allá de todo alcance.* Cuando usted busca el perdón de Dios, sus pecados son perdonados y eliminados. El amor de Dios por todos aquellos que le aman y ruegan su perdón, es más grande que la distancia de la tierra al cielo. Es inmensurable. Su perdón "hace alejar de nosotros nuestras iniquidades cuanto está lejos el oriente del occidente" (Salmo 103:12).

Piense de esta manera: Dios no dice que Él podría separar nuestros pecados de nosotros como el Polo Norte está separado del Polo Sur. Nosotros podemos medir la separación entre los polos con increíble seguridad. Pero no podemos medir cuán lejos está el oriente del occidente. Vea lo que Dios está diciendo: "Tus pecados están perdonados. Están ya completamente fuera de tu alcance. Y aún más que eso: están tan lejos de mí que ni siquiera alcanzo a verlos o tocarlos".

El problema es obvio: ¿Por qué tratar de agarrar, y tener en nuestra vida, algo que Dios de su propia voluntad ha echado tan lejos de nosotros, algo que está fuera del alcance nuestro? ¿Por qué estar de pie, en la punta de una escalera, mirando al cielo? Es tiempo de descender de la escalera, y dejar que las viejas memorias de un pasado pecaminoso se disuelvan en la nada y desaparezcan.

Segundo, *sus pecados están ya completamente fuera de la vista.* Igual que nosotros, el rey Ezequías de Judá tuvo que batallar con el orgullo. Por pura vanidad les mostró todos los tesoros de su casa a los enviados del rey de Babilonia. Dios dio el veredicto: Ezequías debe morir.

Pero el pecado que se ha cometido, el perdón lo puede curar. Ezequías se arrepintió delante de Dios, y Dios lo perdonó. Dios, el juez, tomó los pecados de Ezequías, los puso sobre su espalda, y a él lo llevó a su tribunal y le dijo:

"He puesto tras mis espaldas todos tus pecados". Dios quitó por completo el pecado de Ezequías de sus registros, y canceló la pena de muerte (Isaías 38:17).

De igual manera, Dios ha puesto los pecados de usted detrás de Su espalda. Él se ha interpuesto entre usted y su ofensa. Por favor, por el bien suyo, crea en esto. Dios hace que sus pecados desaparezcan.

Tercero, *sus pecados han sido evaporados*. Dios borra nuestros pecados igual que barre una nube que el viento disuelve en el aire. Lo mismo que el sol disuelve la humedad del rocío o dispersa la niebla de la mañana, Dios hace que nuestros pecados se evaporen. ¡Hace que desaparezcan por completo! (Isaías 44:22).

La próxima vez que usted vuele en avión, a diez mil metros de altura, trate de agarrar alguna de las nubes que pasan ante su ventanilla. Dudo que pueda hacerlo. ¿Por qué no trata de hacer lo mismo con sus pecados?

Trate usted de agarrarlos y verá que su mano estará siempre vacía. Se han ido con el viento. Se han disuelto como el rocío de la mañana. Se han evaporado como las nieblas matinales.

Cuarto, *sus pecados están cubiertos*. Dios no recuerda nuestros pecados, ni los pone en cuenta contra nosotros. El precio de la sangre de Jesucristo es suficiente para pagar todas nuestras ofensas. (Isaías 43:25; Jeremías 31:34; Hebreos 8:12).

Cuando usted era chico, ¿no se escondió más de una vez? Lo hacía para ponerse fuera de la vista, para no ser visto, para que no pudieran encontrarlo. En el caso de sus pecados, el escondite es permanente. Usted no necesita verlos; usted no debe tornar a mirarlos más. De hecho, es imposible para usted volver a ver sus pecados. ¿Por qué? Porque el perdón de Dios los ha cubierto, y han desaparecido de la vista. Es Satanás, "el acusador de los hermanos" (Apocalipsis 12:10), quien desea que usted piense que Dios todavía está enojado con usted. (La palabra "expiar" significa literalmente "cubrir", y la expiación hecha por Cristo en la cruz cubre absolutamente todos nuestros pecados).

Quinto, *sus pecados han sido arrojados por la borda a lo más profundo del mar*, tan profundamente que nada ni nadie los puede sacar de allí (Miqueas 7:19).

Imagínese que va usted en un barco cuyo capitán es el Señor Jesucristo. Usted lo ve a Él que se acerca a la borda del barco con un balde lleno de feas, mohosas, malolientes piedras negras. Son todos sus pecados. Él arroja todas las piedras al mar. Demasiado pesadas para flotar, las rocas se hunden rápidamente en las profundidades. Se han hundido para siempre.

Ya que Dios ha sumergido sus pecados en el mar para siempre, ¿desea usted arrojarles un salvavidas? ¿Desea usted lanzarse al mar para ver si rescata alguno de ellos antes de dejarlos que se hundan para siempre?

Por supuesto que no. ¡Déle gracias al Señor Jesús, y siga disfrutando del viaje con Él!

Sexto, *sus pecados han sido enviados lejos*. Sus mejillas enrojecen de vergüenza cuando los hombres la llevan al patio del templo. La rodean furiosos, gritando y maldiciendo. Pronto se reúne una multitud. "¿Quién es ella? ¿Qué es lo que ha hecho? ¿Qué van a hacer con ella?" Ella sabe lo que es la humillación extrema.

"¡Una sucia adúltera!", gritan aquellos hombres, creyéndose a sí mismos muy justos. "¡La hemos sorprendido en el mismo acto! ¡La hemos traído al templo para que sea apedreada!" Cuando los curiosos oyen eso, comienzan a abofetearla, a insultarla, a escupirla.

Usted ya sabe lo que es la humillación extrema. Ya sabe cómo es odiarse a sí misma. Nunca lo sintió antes, pero ahora lo siente. Finalmente, llegan al templo. Jesús está allí. Los hombres que la han apresado dicen: "Maestro, esta mujer ha sido sorprendida en el mismo acto de adulterio. En la ley Moisés nos manda apedrear a las tales. Tú, pues, ¿qué dices?" (Juan 8:5).

Usted ya sabe lo que Él diría. La única cosa que *puede* decir. La Ley es clara e inequívoca. Pero Él no dice nada. Solamente escribe en tierra con el dedo. *¿Por qué no les da a los hombres una respuesta? ¿Qué es lo que está escribiendo en tierra con el dedo?* Una pequeña esperanza empieza a nacer dentro de usted. *¡Quizá él está pensando en alguna manera de salvar mi vida! ¡Quizá quiere darme otra oportunidad! ¡Quizá está escribiendo algún pasaje de la Ley que podría preservar mi vida!*

Finalmente, Jesús abre sus labios. "El que de vosotros esté sin pecado, sea el primero en arrojar la piedra contra ella" (verso 7). Uno a uno, aquellos hombres implacables, redargüidos por su propia conciencia, dejan caer las piedras y se retiran para perderse en la multitud. Usted piensa: *"¡Él ha escrito en el polvo los pecados de todos!"* Pronto se ha ido toda la multitud. Usted está sola con el hombre que ha salvado su vida.

Él le dice: "Mujer, ¿dónde están los que te acusaban? ¿Ninguno te condenó?"

"Ninguno, Señor".

"Ni yo te condeno; vete, y no peques más".

Imagínese usted que la mujer rehúsa irse. Ella siente que debe ser condenada, no perdonada. Ella toma las piedras que los hombres han soltado de las manos y las arroja al aire. No es cosa fácil, pero ella trata de que le caigan sobre la cabeza.

¡Eso es absurdo! Pero algunos de nosotros hacemos la misma cosa. Seguimos condenándonos y castigándonos por pecados que Dios ha perdonado y olvidado completamente. No permita que esto le suceda a usted. Jesús ha enviado lejos sus pecados, y lo ha librado a usted del lugar de la condenación. Deje todos sus pecados atrás. No trate de traerlos de vuelta. No coja usted mismo piedras para apedrearse a sí misma.

Dios ha desvalijado el lenguaje de los hombres buscando palabras para comunicarse con nosotros. "Tus pecados se han ido. Ya no hay memoria de ellos, no hay registro bancario, ni aun 'lista de muerte' en los archivos de los cielos''.

Esta es la verdad que ha inspirado a poetas y músicos a componer himnos que digan: "Maravillosa gracia, de mi Jesús por mí" y "¡Oh, profundo amor de Cristo, pura gloria es para mí!" Y mil más.

Su visión de Dios es distorsionada. Usted no está dispuesto a perdonarse a sí mismo porque no siente que Dios es un amable, gracioso, y perdonador Dios. Quizá usted ha formado su idea de Dios sacándola de un padre humano, hostil e iracundo. Quizá usted ve a Dios como el Gran Exterminador, el Ogro Omnipotente, el cósmico Eben-ezer Scrooge, que no ayudaría a nadie.

Tal actitud es ciertamente insostenible. Dios sería justificado si nos arrojara a todos al infierno por las cosas que hemos hecho. La verdad es que todos nos hemos ganado el castigo eterno (Romanos 6:23). Pero Dios ha elegido amarnos, y proveer un camino de salvación para nosotros. Dios ha enviado a Su Hijo para que recoja todas nuestras cuentas y obligaciones, y nos dé en cambio el derecho a la vida eterna. Dios es amante y misericordioso, y desea que cada ser humano sea salvo de la condenación por el pecado (2 Pedro 3:9). Hay una sola manera de aprender esta verdad. Tómela por fe. Crea lo que la Biblia dice acerca de Dios:

> *No temas, porque yo estoy contigo; no desmayes, porque yo soy tu Dios que te esfuerzo; siempre te ayudaré, siempre te sustentaré con la diestra de mi justicia.*

> Isaías 41:10

> *Porque yo sé los pensamientos que tengo acerca de vosotros, dice Jehová, pensamientos de paz y no de mal, para daros el fin que esperáis.*

> Jeremías 29:11

Porque de tal manera amó Dios al mundo, que ha dado a su Hijo unigénito, para que todo aquel que en él cree, no se pierda, mas tenga vida eterna.

Juan 3:16

Ninguna condenación hay para los que están en Cristo Jesús.

Romanos 8:1

Y sabemos que a los que Dios aman, todas las cosas les ayudan a bien, esto es, a los que conforme a su propósito, son llamados.

Romanos 8:28

¿Qué, pues, diremos a esto? Si Dios es por nosotros, ¿quién contra nosotros? El que no escatimó ni a su propio Hijo, sino que lo entregó por todos nosotros, ¿cómo no nos dará también con Él todas las cosas? ¿Quién acusará a los escogidos de Dios? Dios es el que justifica. ¿Quién es el que condenará? Cristo es el que murió; más aun, el que también resucitó, el que además está a la diestra de Dios, el que también intercede por nosotros. ¿Quién nos separará del amor de Cristo?

Romanos 8:31-33

Ningún mensaje hay más claro en las Escrituras que ese del amor de Dios, las buenas nuevas del Evangelio de la Gracia. Créalo. Acepte el amor de Él y perdónese usted a sí mismo.

¿Cómo perdonarse
a sí mismo?

Esté seguro de su salvación. Para experimentar la libertad que produce el perdonarse a sí mismo, usted primeramente tiene que estar seguro de que ha confiado personalmente en Cristo para su salvación. La Biblia dice que todos hemos pecado, y merecemos un lugar en el infierno, la muerte eterna (Romanos 3:23 y 6:23). Un Dios perfecto en conocimiento no puede ignorar los pecados de una persona ni pretender que no han existido. El pecado debe ser castigado. Pero Dios lo ama. Dios quiere rescatarlo del pecado, y darle un lugar en los cielos. Así, ha enviado a Su Hijo Jesucristo para sufrir la pena de muerte que usted merecía (Romanos 5:8). Él murió en una cruz, pagando el precio de nuestros malos hechos. Tres días después resucitó de entre los muertos y surgió a la vida otra vez, en una victoria total sobre el pecado, la muerte y la condenación eterna. Nada ha dejado para que usted lo tenga que hacer. Jesús ha pagado enteramente el precio por sus pecados. Ninguna deuda chica ha sido olvidada. Su muerte a favor de usted es un don gratuito. Todo lo que usted tiene que hacer es recibirlo (Juan 1:12; Romanos 10:13).

Póngase en buenas cuentas con Dios. Dígale que usted está confiando solamente en lo que Cristo hizo por usted a través de Su muerte en la cruz para el perdón de sus pecados.

Perdone a todos los que le han hecho mal. Usted no va a superar ese odio que se tiene a sí mismo, hasta que haya perdonado a todos los que le han hecho mal. Si usted siente amargura respecto de sí mismo, busque a ver si no está en amargura con alguien, y usted está redirigiendo esa amargura contra usted mismo. A menudo es más fácil enfocar nuestra ira, enojo, o resentimiento en nosotros mismos que acusar a alguien y confesar que tenemos esos sentimientos contra ellos. Cuando usted tiene una queja contra alguien a quien ama, y de quien depende en cierta manera, le es más fácil aborrecerse a sí mismo que admitir que el otro merece aborrecimiento. Pero en su corazón usted conoce la verdad. Usted está enojado y amargado, y se castiga sí mismo con tal de no culpar al otro.

Esto fue lo que le pasó a Beverly, cuya historia les conté al principio de este capítulo. Aunque al principio ella insistía en que no guardaba ningún resentimiento contra sus padres, al final reconoció que sí, que en su corazón había encono y antipatía. Cuando admitió sus verdaderos sentimientos, dio el primer paso hacia el acto de perdonarse a sí misma.

Es tiempo de que usted admita sus verdaderos sentimientos. Reconozca la amargura que hay dentro de usted. Si la persona con la cual está enojada hoy le ha hecho daño, perdónela. Si no, arrepiéntase de albergar en su corazón una perspectiva equivocada. Pídale a Dios que la ayude de hoy en adelante a admitir y resolver sentimientos amargos, y no negarlos y hacer que regresen a usted como un boomerang, sólo para dañarle.

Confiese su pecado y clame a Dios por perdón. Confiese a Dios cualquier pecado que recuerde y reconozca. Cuando usted no se puede perdonar a sí mismo está diciendo: "Yo estoy sucio". Y aun puede usted decir: "Soy malo y depravado, y Dios se hace cargo de mí". ¡No es cierto! Si fuera cierto, usted no estaría aquí; Él ya se lo habría llevado a los cielos (Vea 1 Corintios 11:28-32).

Usted puede volver a ser limpio. He aquí cómo: *"Si confesamos nuestros* pecados, Él es fiel y justo para perdonarnos *nuestros* pecados y *limpiarnos* de toda maldad" (1 Juan 1:9, énfasis agregado).

Usted podrá perdonarse a sí mismo cuando esté seguro de que Dios lo ha perdonado. Él le ordena que usted le confiese sus pecados. Que reconozca su pecado. Que acepte delante de Dios la responsabilidad de sus pecados. Que piense, junto con Dios, que esos pecados son detestables y viles delante de Sus ojos y que primordialmente son pecados contra Él. Afirme delante de Dios que ha sido por sus propios pecados que Cristo murió en la cruz. No importa que otra persona pueda estar envuelta en sus pecados, usted debe decir como el rey

David: "Contra ti, contra ti sólo he pecado, y he hecho lo malo delante de tus ojos" (Salmo 51:4).

"¿No hay algo que yo pueda hacer para ser perdonado de mis pecados?" ¡Absolutamente nada! Dios es fiel para con usted; y actúa conforme a sus elevadas normas de santidad y verdad cuando lo perdona y lo purifica de todos sus pecados. Dios lo limpia. Y cuando Dios lo limpia, usted queda verdaderamente limpio.

Acepte el concepto que Dios tiene de usted. ¿Quién es usted realmente? ¿Es usted la real persona que ve en el espejo? ¿O es la persona que Dios ve? Deje que el concepto que Dios tiene de usted dirija sus pensamientos cuando ora.

Por lo tanto, ¿cómo lo ve Dios? La Biblia lo dice claramente. En cada página del Nuevo Testamento puede verse el exaltado concepto que Dios tiene de todos aquellos que han aceptado a Cristo como Salvador. Si usted es cristiano, usted puede decir —usted debe decir— acerca de usted...

- Soy una nueva creación (2 Corintios 5:17).
- Soy un hijo de Dios (Juan 1:12).
- Soy hechura de Dios (Efesios 2:10).
- Soy ciudadano del cielo (Filipenses 3:20).
- Soy más que vencedor (Romanos 8:37).
- Soy amigo de Cristo (Juan 15:15).
- Soy sal de la tierra (Mateo 5:13).
- Soy heredero juntamente con Cristo, compartiendo con Él su herencia (Romanos 8:7).
- Soy templo de Dios; Él vive dentro de mí (1 Corintios 3:16).
- Estoy unido a Dios (1 Corintios 6:17).
- Estoy reconciliado con Dios (2 Corintios 5:18-19).
- Soy uno de los santos de Dios (Efesios 4:24).
- Soy uno de los elegidos de Dios (Colosenses 3:12).
- Soy miembro del real sacerdocio de Dios (1Pedro 2:9).
- Estoy libre para siempre de la condenación (Romanos 8:1).

- Estoy justificado; Dios me ha declarado justo (Romanos 8:30).
- Soy el lugar donde habita el Espíritu de Dios (1 Corintios 3:16).
- Estoy bendecido con toda bendición espiritual (Efesios 1:3).[1]

Estoy completo en Cristo (Colosenses 2:10).[1]

A la luz de estas gloriosas verdades, esa miopía de una "pobre imagen propia" debe desvanecerse, como se desvanece la niebla de la mañana a la brillante luz del sol. Dios lo está haciendo a usted tan perfecto como su Hijo Jesucristo. Su destino como cristiano es llevar Su imagen. Y como usted llega a ser como Cristo, una pequeña porción de cielo habita en la tierra.

Beverly aprendió por fin la lección. Su embarazo le había quitado toda su dignidad, y la había hecho blanco de las crueles flechas de sus padres. Ella sabía bien que no podría recuperar su virginidad, pero por fin comprendió que, a través del perdón otorgado por Cristo, había recuperado su pureza. Habiendo experimentado el perdón de Dios, ella se perdonó a sí misma. Y lo mismo puede hacer usted.

9

¿Necesita usted perdonar a Dios?

Hubo una vez un tiempo en que su vida era simple y sin complicaciones. Usted se balanceaba bien, tratando sus penas con consolaciones y sus caídas con cumplimientos. Pero eso era antes de que un ataque imperdonable hiciera trizas de su vida. Usted no lo dijo, pero estaba dispuesto a decirlo: "¡No sé si puedo perdonar a Dios por eso que me ha sucedido!"

Las palabras "perdonar a Dios" suenan tan extrañas que desafían toda explicación. Pero ellas expresan sus sentimientos, porque usted sabe que Dios podía haber arreglado las cosas de modo que su ofensor no dijera las cosas que dijo, ni hiciera las cosas que hizo.

Pero la cosa sucedió. Esas palabras harto ofensivas, esa negligencia sin compasión, esas acciones abusivas ocurrieron. Y usted se pregunta: "Si el Todopoderoso es tan poderoso, ¿por qué dejó que el techo cayera sobre mí?" Usted siente como si tuviera dos ofensores: la persona que lo hirió, y Dios, que pareció haberse cruzado de brazos sin haber hecho nada.

Si yo digo: "Dios no puede pecar, así que Él no necesita de su perdón", esto no lo ayudaría mucho a usted. Usted conoce ya lo suficiente de Dios como para que no pueda acusarlo de pecado. Las cosas que está diciendo no salen de su mente, sino de sus emociones. "Dios, no creo que yo pueda manejar solo todo este problema que me ha venido. ¡Sólo me gastaría que Tú lo hubieras prevenido!", le dice usted.

Es una afirmación contundente. Su estimación de Dios y su comprensión de lo que Él puede hacer no se prestan a equivocación. Él pudo haber puesto un veto a todo el asunto antes que se produjera. Usted no pone en duda Su poder, pero tiene algunas serias dudas en cuanto a Su amor por usted. "¿Cómo puede ser Dios un Dios de amor si permite que otros me hagan tanto daño?" Usted le dice a Dios: "¿Por qué? ¿Por qué a mí? Yo no hice nada para merecer esto. ¿Por qué dejaste que suceda, Dios?"

Es difícil describir los sentimientos de pasmo, extrañeza, vaciedad, rechazo, aislamiento y aun ira que se experimentan cuando uno piensa que Dios es insensible, o lo ha olvidado a uno y ha permitido que le hicieran tal daño.

¿Por qué Dios permite que malas cosas les sucedan a gente buena?

Sí, algo muy malo le ha sucedido a usted a manos de una persona dañina. Usted está desesperado. Puede estar devorado por sentimientos de venganza. Y usted continúa enojado con Dios por dejar que las cosas sucedieran.

La Biblia nos dice que malas cosas les suceden aun a gente buena. Caín mató a Abel (Génesis 4:1-8). Herodes mató a los inocentes de Belén (Mateo 2:13-16). Hay muchos ejemplos bíblicos de malas cosas sucediendo a gente buena, que se asemejan a lo que le ha sucedido a usted. Además de todo esto, Dios conoce todas las cosas dolorosas que le suceden a usted (Hebreos 4:13).

Pero la amarga pregunta permanece: ¿Por qué Él permite que sucedan malas cosas? ¿Por qué permitió que esa persona lo dañara tanto a usted? Gracias a Dios, hay respuesta para esas preguntas.

Dios usa los sufrimientos para que nosotros adquiramos una correcta perspectiva. Hay dos maneras de contemplar la vida: con nuestro propio criterio y con el criterio de Dios. La Biblia nos ayuda a ver la diferencia: "Porque Jehová no mira lo que mira el hombre; pues el hombre mira lo que está delante de sus ojos, pero Jehová mira el corazón" (1 Samuel 16:7). "Porque mis pensamientos no son vuestros pensamientos, ni vuestros caminos mis caminos. Como son más altos los cielos que la tierra así son mis caminos, más altos que vuestros caminos, y mis pensamientos más que vuestros pensamientos" (Isaías 55:8-9).

Nosotros no podemos ver la vida como Dios la ve, porque nuestra naturaleza humana nubla nuestros ojos. Vemos la vida en términos humanos, y no divinos. Miramos la vida a través de los lentes del tiempo, y no de la eternidad. En la Ley y no en la Gracia. Tenemos una visión homocéntrica (centrada en el hombre) y no Cristocéntrica (centrada en Cristo). El mejor ajuste de lentes que podemos tener es cuando seamos heridos y golpeados y empecemos a ver la gente, las circunstancias y los problemas desde el punto de vista de Dios a través de Su palabra.

La falla de nuestra perspectiva humana es a menudo el resultado de nuestro desconocimiento, o de estar mal informados respecto a lo que está sucediendo alrededor de nosotros. En el Salmo 73 el salmista escribe acerca de cómo se cambió su perspectiva. Primero miró la vida a través de sus propios ojos. "Tuve envidia de los arrogantes, viendo la prosperidad de los impíos. Porque no tienen congojas por su muerte, pues su vigor está entero...Verdaderamente en vano he limpiado mi corazón, y lavado mis manos en inocencia" (Salmo 73:3,4,13).

Entonces sus penas lo llevan a Dios y empieza a ver las cosas diferente. "Cuando pensé mucho y pude entender todo esto, fue duro trabajo para mí. Hasta que entrando en el santuario de Dios, comprendí el fin de ellos. Ciertamente los has puesto en deslizaderos; en asolamientos los harás caer. ¡Cómo han sido asolados de repente! Perecieron, se consumieron de terrores! (Salmo 73:16-19).

Cuando alguien lo hiere a usted, usted puede pensar: "Yo soy tan bueno como él, aún mejor. No merezco ser tratado de esa manera. Merezco algo mejor. Merezco bendiciones. ¿Está usted viendo sus circunstancias a través de los ojos de Dios o de los suyos propios? ¿Es su ofensor realmente mejor que usted? La persona que le ha ofendido le debe a Dios la cuenta de lo que ha hecho. ¿Preferiría usted estar en sus zapatos? Ajuste usted su perspectiva filtrando todas las cosas a través de la Palabra de Dios.

Lo que nosotros esperamos de la vida, afecta también profundamente la perspectiva de nuestras pruebas y sufrimientos. Cuando hemos sido maltratados, esperamos inmediatamente el castigo del agresor: justicia, retribución. "¡Dios, deseo que ese malo sea castigado inmediatamente, y que mi corazón sea sanado; pero ya, ahora mismo!", insistimos. No nos gusta nada la tardanza. Es difícil para nosotros ver a Dios trabajar lentamente a través de varias circunstancias no agradables, en vez de hacer un milagro instantáneo de justicia, condena y castigo.

Pero no tenemos base escritural para esperar el castigo inmediato, directo, divino, sobre cualquier malhechor que nos hiera. Sí, nuestro Dios es un Dios hacedor de milagros. Pero también es un Dios de providencia. Día tras día Él tiene que hacer provisión y supervisión de todas las gentes, circunstancias y sucesos. Dios controla nuestra calamidad y nuestra prosperidad (Jeremías 32:42). Y nos pide que tengamos paciencia hasta que llegue el momento en que Él nos envíe su bendición (Hebreos 10:36). Como dice Jerry Bridges en *Trusting God Even When Life Hurts,* (Confiando en Dios aun cuando la vida duela) "La providencia de Dios es Su constante cuidado y Su absoluta soberanía, sobre toda Su creación, para Su propia gloria y el bien de Su pueblo."[1]

Por medio de esa dolorosa experiencia de la ofensa que a usted le causaron, Dios está cultivando en usted la perspectiva divina para usted y su ofensor, y está haciendo provisión para su sanidad.

Dios usa los sufrimientos para modelarnos. ¿Recuerda al profeta Jeremías? Dios le dio un mensaje para que dijera a Israel los abusos que tendrían que sufrir. Jeremías quedó perplejo. ¿Por qué Dios permitiría tales sufrimientos a Su pueblo?

¿Qué fue lo que hizo Dios? Le dijo a Jeremías que fuera a casa del alfarero (Jeremías 18:1-6). Jeremías vio pedazos de cacharros rotos, barro endurecido, polvo y jarros a medio hacer. Sin duda una vista no del todo agradable. Y vio al alfarero trabajar sobre la rueda. Vio cómo la rueda giraba y giraba e iba modelando un precioso jarro. Y si el jarro salía mal, el alfarero lo desarmaba, lo amasaba de nuevo, lo volvía a poner en la rueda y lo hacía mejor que antes.

Así puede sentirse usted después de haber sufrido un grave quebrantamiento a manos de su ofensor. Su vida parecería estar moviéndose en círculos, como una masa informe. Es algo innegable: Dios dejó las circunstancias fuera de la mano. Usted está profundamente herido, y su visión es débil. Usted había pensado que Dios estaba haciendo algo bello en su vida, pero la ofensa lo redujo a una masa fea y fría.

Como Jeremías usted puede ver al alfarero tomando de nuevo la masa informe y trabajándola otra vez sobre la rueda. Las partes malas e inservibles el hombre las tira al canasto. El tratamiento es rudo. Ese barro todavía se parece a su vida. Está fuera de su verdadera forma. Todo parece sin esperanza para la masa de arcilla y usted.

Pero el alfarero sigue trabajando y algo maravilloso empieza a suceder. La masa empieza a tomar forma. Parece diferente a lo que era antes. Aún se ve más bella. El alfarero ha tomado una informe masa de arcilla, y ha hecho una obra de arte.

Mire las manos que están reformando su vida a través de la penosa experiencia que ha sufrido. Mire los pies que trabajan la rueda. ¿Ve las cicatrices de los clavos? El Alfarero conoce el dolor y abuso. Él experimentó, el rechazo y el odio. Pero mire lo que el Padre hizo por medio del quebrantamiento de Cristo. Y nunca dude otra vez de que Él puede hacer de usted una persona mucho más bella y útil que antes, usando para esto sus penas y sufrimientos.

Dios usa los sufrimientos para enseñarnos algo acerca de Sí mismo. Considere también la historia de Job, quien cayó súbitamente de la salud y prosperidad hasta la pobreza y las llagas, en ínfimo tiempo y aparentemente sin razón (Job 1:1-2:10). Las explicaciones de los hombres respecto a los sufrimientos de Job, se centran en alguna causa de las siguientes:

1   Dios es Todopoderoso, justo y limpio; Job es impío. Mas la Biblia dice que no, Job era justo, así que no había razón para tal sufrimiento.

2   Job era justo, y Dios es todopoderoso, aunque no muy justo ni limpio. Pero esto es impensable y contrario a la Biblia. No puede ser esa la respuesta; porque Dios es perfecto.

3   Job era justo, y Dios es justo y limpio, mas no todopoderoso. Pero la Escritura dice de otro modo. Dios tiene el control de todo. Lucas 1:37 dice: "Porque no hay nada imposible para Dios". Cuando usted internamente está culpando a Dios, está poniendo en duda Su control y desdeñando Su amor; así está expresado en Juan 3:15-17.

Si usted está tentado de acusar a Dios por todo lo que le sucede, está subestimando el problema del mal en el mundo, el cual ha venido por la rebelión del hombre contra Dios. El mal es un hecho. Debemos hacerle frente. El mal, y no Dios, movió al ofensor a causarle el daño. Dios pudo haberlo evitado, pero no lo hizo. Él pudo haber prevenido toda ocurrencia de mal con sólo limpiar a todos. Pero no lo hizo. El todopoderoso, todoamoroso, justo y recto Dios permite que el mal nos afecte para enseñarnos algo acerca de Sí mismo.

Dios contestó "¿por qué?" de Job simplemente revelándole algo más de Sí mismo. Dios deseaba que Job cambiase su pregunta de por qué a por quién. Dios le estaba comunicando a Job por medio de sus sufrimientos: "Tú no comprendes por qué he permitido que te pasara todo esto, pero tú *puedes* comprender que yo estoy en control de todo. Yo estoy actuando todo el tiempo". Todo el libro de Job revela que Dios sigue trabajando *detrás* del escenario, en el escenario, y más allá del escenario.

¿Recibió Job una respuesta satisfactoria a cada uno de sus por qué? Enfáticamente, no. Pero reconoció que Dios trabaja en medio de toda circunstancia y que lo bendijo de todos modos.

Reconoció la soberanía de Dios (Job 1:21; 2:10; 42:2). Rehusó culpar a Dios (1:22; 2:10). Creyó que hay una resurrección gloriosa al fin de todo (19:25,26). Y por fin se doblegó en contrición y adoración ante Uno que está en el control de todo (42:1-6).2

En medio del dolor de haber sido ofendido, no se pregunte usted: "¿Por qué Dios permitió que esto me sucediera?" En vez de eso pregúntese: "¿Quién es el que está en control?" Porque Dios desea mostrarle Su amor y cuidado, no protegiéndolo absolutamente de todo mal, sino por amarle y preservarle a través de todo mal. Reconozca, lo mismo que Job, que Dios es demasiado bondadoso como para ser cruel, demasiado sabio para hacer un error, demasiado profundo para explicarse a Sí mismo, y demasiado cercano como para no estar consciente de todo lo que le pasa a uno, lo malo y lo bueno.

Quitémosle toda
responsabilidad a Dios

Cuando yo era un joven pastor, tenía en mi iglesia un viejo caballero que era uno de mis héroes. Este era un hombre recio, con una chispa de alegría en sus ojos que le produciría envidia a cualquier Santa Claus de esos que aparecen sonriendo durante Navidad. Se le veía joven y fuerte, a pesar de tener ya setenta y cuatro años. Coronaba su cabeza con una mata de cabellos blancos, digno penacho de un cuerpo fuerte y sano. Era un individuo satisfecho, que había hecho dinero en el arduo trabajo de la construcción.

George era un animador. Recuerdo que, en aquellos años de mi primer pastorado, yo ensaba: *¡Este es de la clase de hombre y la clase de diácono que cada iglesia debería tener!* Era una torre de fortaleza para mí. Parecía tener siempre un tanque lleno de gozo. La vida había sido buena para él, o así lo pensaba yo.

Fue en una reunión de hombres de la iglesia, una noche, cuando empecé a conocer algo más de mi héroe. Era como un Job de los días presentes. Había estado casado tres veces, y tres veces había tenido que ir a llorar a la sepultura de cada una de sus tres amadas. Por más de veinte años, él no sabía nada de su hijo, ni sabía en qué andaba metido. Sus hijas eran alcohólicas, y sus vidas habían traído dolor y vergüenza a su amoroso padre.

Yo estaba llorando cuando George concluyó diciendo: "Amigos, pregúntenme cómo he podido soportar todas estas cosas. La mejor manera en que puedo expresarlo es diciendo que he hallado un lugar donde recibir toda la ayuda que he necesitado. Sé donde está ese lugar, así que recurro a él continuamente. Dios nunca me ha fallado".

¡Ahí estaba un hombre cuyo corazón había sido destrozado muchas veces, pero que aún disfrutaba de una real alegría! Sabía a dónde tenía que ir cuando la vida lo golpeaba. Si

George podía trasladar su pregunta de "¿por qué?"a "¿quién?", usted también puede hacerlo.

¿Cómo vamos a descargar a Dios de toda responsabilidad por el mal que hemos recibido de otros? No tenemos que perdonarlo a Él; porque Él no ha hecho nada erróneo. Pero sí tenemos que dejar de andar haciendo preguntas y culpándolo a Él por todo, y empezar a afirmar Su justicia, Su amor, y Su soberanía en todos nuestros asuntos. Y cuando vengan tiempos de tribulación usted podrá decir:

1. Estoy aquí por designación de Dios; en Su cuidado, bajo Su entrenamiento, para Su tiempo.

2. Él me trajo aquí. Es por su voluntad que estoy en este lugar. En este hecho, descanso.

3. Él me cuida aquí en Su amor, y me da gracia para comportarme como hijo Suyo.

4. Él convierte mi prueba en una bendición, me enseña las lecciones que debo aprender, y trabaja en mí la gracia que me quiere conferir.

5. Por su buena voluntad, Él aliviará mis problemas. ¿Cómo y cuándo?, sólo Él lo sabe.

Perdonado y perdonando

Después de leer la Primera Parte de este libro, quizá usted esté inclinado a decir: "Aprecio mucho la obra que ustedes están haciendo. Estoy seguro que usted conoce bien lo que la Biblia dice acerca del perdón. ¡Yo no podría discutir con dos predicadores acerca de eso! Sé de mucha gente a quienes su libro les ayudará mucho. Pero no a mí.

Vea usted, todo lo que usted dice no tiene aplicación para mí. Simplemente, *no* puedo perdonar a la persona que me ha ofendido. La herida fue tan calculada, tan implacable, tan cruel, que, sencillamente, no puedo perdonar. Yo no espero que la gente sea perfecta. El Señor lo sabe, yo tampoco soy un ángel. Pero esta vez ese canalla ha ido demasiado lejos. Habiendo leído la mitad de su libro, veo que en el fondo de mi corazón no tengo el menor *deseo* de perdonar a la persona que me hizo tanto daño. Pero aun si lo deseara perdonar, no veo cómo yo pueda dejar de sentir una herida como esta mía".

Si usted siente de esa manera, lo comprendo. Yo también he estado al final de un "pecado imperdonable" sé lo que se siente. Pero al igual que me ocurrió a mí, algo está radicalmente mal en la vida espiritual de usted. La Palabra de Dios es clara: los cristianos viven un estilo vida perdonando y pidiendo perdón. Y hay una razón específica para esto. Los cristianos *perdonamos* todo, porque todo nos es *perdonado*.

Comprendemos que nadie puede herirnos tanto como nosotros mismos herimos al Señor Jesucristo con nuestros pecados. Él murió por nuestros pecados, pero Él nada malo había hecho, y no le debía nada a nadie. Nunca podremos igualar el amor de Jesús para nosotros, pero a lo menos podremos imitarle. "De la manera que Cristo os perdonó, así también hacedlo vosotros" (Colosenses 3:13).

Si nada de esto lo conmueve, si usted simplemente no tiene deseos ni de pensar en perdonar a la persona que le hizo daño, entonces es importante preguntar por qué. De hecho, es tiempo de hacernos la prueba que Pablo demanda en 2 Corintios 13:5: "Examinaos a vosotros mismos si estáis en la fe; probaos a vosotros mismos".

Pablo escribió estas palabras a los miembros de una iglesia. Todos ellos pensaban que eran cristianos, pero algunos de ellos pensaban mal. Ellos estaban contando con alguna experiencia emocional, o ser miembros de la iglesia, o tener ciertos talentos, o ser de buen carácter, o haber sido bautizados, o conocer la doctrina cristiana, o seguir la regla de oro para ir con todo ese cargamento a los cielos. No estaban contando con la única provisión que Dios había hecho para traerlos a su favor: la sangre de Jesucristo derramada en la cruz por los pecados de hombres y mujeres.

De modo que si usted siente que no puede perdonar, *quizá es porque nunca experimentó realmente el perdón de Dios*. Pero tengo buenas nuevas para usted. Usted puede sentir el perdón del Señor ahora mismo.

La Biblia nos dice que Dios es perfecto y perfectamente justo. No hay manera de que Él tolere un pecado ni en un millón de años. Pedirle a Dios que ignore el más pequeño pecado es lo mismo que pedirle al capitán de un barco que ignore una pequeña filtración de agua en el casco. Algunas cosas son inaceptables en cualquier cantidad. Para Dios el pecado, en cualquier cantidad, es inaceptable.

Y desde que usted —igual que cualquier otro— ha pecado, y Dios no puede pasar por alto el pecado, Él no lo puede aceptar a usted. Tiene que condenarlo a la muerte espiritual, que significa tormento interminable y separación de Él (vea Romanos 3:23; 2 Tesalonicenses 1:8-9; Apocalipsis 20:15). Usted no puede hacer nada para cambiar este veredicto, porque usted nada puede hacer por quitar su propio pecado. Usted no puede quitar su pecado como tampoco puede componer un huevo que ha sido estrellado. Hay gente que cree que pueden ser buenos, lo suficiente como para alegrar a Dios; pero tal pretensión sólo lo insulta a Él: "Todas nuestras justicias [son] como trapo de inmundicia" (Isaías 64:6).

Pero lo que nosotros no podemos hacer, Dios lo ha hecho. Dios ha provisto un medio para quitar de nosotros todos los pecados y perdonarnos. Él envió a su Hijo Jesucristo, a morir por nuestros pecados en la cruz, y luego lo levantó de entre los muertos para que Él pueda concedernos Su vida aquí en la tierra. Cristo, el eterno Hijo de Dios, se hizo un ser humano igual a usted y a mí. Pero al revés de usted y yo, Él vivió una vida sin pecado. Él no merecía la muerte, pero *voluntariamente* murió en lugar de todos los pecadores. Como lo dice Romanos 5:8:

Mas Dios muestra su amor para con nosotros, en que siendo aún pecadores, Cristo murió por nosotros.

Isaías 53:5,6 expresa la misma idea:

"Mas él herido fue por nuestras rebeliones, molido por nuestros pecados; el castigo de nuestra paz fue sobre él, y por su llaga fuimos nosotros curados. Todos nosotros nos descarriamos como ovejas, cada cual se apartó por su camino, mas Jehová cargo en él el pecado de todos nosotros.

Si usted admite que Dios tiene razón en hallar nuestros pecados imperdonables, entonces usted puede aceptar a Cristo como Salvador. Dios aceptará la muerte de Cristo como el pago completo de todos nuestros pecados pasados, presentes y futuros. Esos imperdonables pecados de usted serán perdonados, y usted llegará a ser amigo de Dios, un amigo del Creador y Juez del universo. Usted no sufrirá un eterno tormento y una separación también eterna de Dios. Usted disfrutará de eterna felicidad en el cielo.

Si usted no está seguro de haber sido realmente perdonado, le invito a poner su confianza en Jesucristo ahora mismo. Descanse y repose en Su sacrificio de la cruz —y nada más— para su salvación, y recibirá el pleno perdón de Dios. Como dice Hechos 16:31, "Cree en el Señor Jesucristo y serás salvo". De la misma manera, Juan 3:16 afirma: "Porque de tal manera amó Dios al mundo, que ha dado a su Hijo unigénito, para que todo aquel que en Él cree, no se pierda, mas tenga vida eterna".

¿Ha confiado usted en Cristo como Aquél que llevó los pecados de usted a la cruz, y allí los expió (cubrió) para siempre? Si usted lo ha hecho, entonces está perdonado. Usted ha venido a ser un amigo de Dios. Usted irá al cielo cuando muera. De hecho, usted ha sido hecho hijo de Dios, como leemos en Juan 1:12 "Mas a todos los que le recibieron, a los que creen en su nombre, les dio potestad de ser hechos hijos de Dios".

Ahora usted puede perdonar lo imperdonable en otros, porque usted ha sido perdonado de lo imperdonable.

Si elegir el perdón fuera lo único necesario para responder a ese incidente de negligencia, o abuso sufrido en su vida, podríamos terminar este libro exactamente aquí. Pero no es así. Aún después de que usted decida perdonar —lo cual debe hacer—, ¿qué hará después de tomar esa decisión?

¿Como puede usted recomponer todas sus emociones? ¿Qué puede hacer usted, o cómo deberá enfrentar a su ofensor? ¿Buscará usted la reconciliación con tal persona? En la Segunda Parte trataremos sobre tan importantes cuestiones de cómo aprenderemos a amar otra vez.

Parte II

Aprendiendo a amar otra vez

Manteniendo un corazón perdonador

Kim y Kathryn son hermanas. *Aparte de la aliteración de sus nombres, no hay entre ellas ninguna otra semejanza, y tienen muy poco en común.* Cuando ellas estaban creciendo, vivieron casi siempre aparte; fue así porque la madre tenía su favoritismo. Kim era la niña de los ojos de la madre, mientras que Kathryn era tratada como una "persona de segunda clase".

El obvio desdén de su madre afligió grandemente a Kathryn en los primeros años de su adolescencia. No fue sino hasta que cumplió treinta años, y ya estaba casada y con hijos, que pudo perdonar a su madre y a su hermana. Cuando Kathryn me contó la historia, sentí que realmente ella había dispensado a su madre y hermana de todo el vasto caudal de ofensas que se había acumulado sobre ella durante años. Por lo que yo pude sentir, su perdón era bien sincero.

Y cuando Kathryn buscó mi consejo, ella todavía estaba lidiando con la angustia mental y emocional de haber sido la oveja negra de su familia. Cuando cualquier fiesta se aproximaba, Kathryn comenzaba a revivir algunas de las penosas memorias del pasado. La ansiedad se apoderaba de ella cuando pensaba qué se diría, o qué se haría en las reuniones familiares.

Al final de una de las sesiones, me dijo: "John, me siento como que estoy en servidumbre, y no sé qué hacer". Esas eran las palabras de una cristiana sincera y consagrada, que estaba tratando con dificultosas realidades —las consecuencias de unas ofensas—, aun cuando las mismas habían sido ya perdonadas.

¿Le ha expresado usted a Dios su voluntad de perdonar la ofensiva conducta de alguien, y después se halló a sí mismo luchando contra pensamientos y emociones que le piden renegar de la decisión de perdonar? Si su respuesta es sí, usted no está solo. Además, sus sentimientos no son malos. Hágale frente; el perdón ha sucedido, pero la batalla no ha terminado todavía. Aún permanece un serio desafío: seguir con su decisión de perdonar, e ir más allá de ella y empezar a amar otra vez, manteniendo el mismo espíritu perdonador.

Cuatro cosas de mucha importancia deben ser consideradas, en orden a ir más allá del perdón, para que usted pueda amar otra vez. Primero: usted debe defender su decisión de perdonar a la persona que lo ofendió, aun cuando sienta la tentación de conservar un rencor. Segundo: usted debe determinar cómo resolver ese residuo de dolor emocional que le ha quedado de la ofensa. Tercero: usted debe considerar en oración si Dios desea que usted confronte a la persona inculpada. Y finalmente, usted debe responder a la pregunta: "¿Puede mi relación con tal persona ser reconciliada y restaurada?"

Comenzando con este capítulo y continuando con toda la Segunda Parte, trataremos estos cuatro asuntos: mantener el perdón; resolver el dolor emocional, confrontar al ofensor, y buscar la reconciliación. Tratar todos estos problemas, y resolverlos, lo ayudará a usted a amar otra vez.

Proteja su corazón

¿Espera Dios que usted perdone a una persona por una horrible ofensa, y que enseguida le dé un abrazo y un beso? ¡No! Dios es realista y sabe que en algunas situaciones eso sólo provocaría un nuevo asalto. Su consejo es bien claro: después de perdonar proteja su corazón.

Después de perdonar a alguno una gran ofensa, debemos aceptar la recomendación de Proverbios 4:23, "Sobre toda cosa guardada, guarda tu corazón, porque de él mana la vida". El Espíritu de Dios hace de ésa una prioridad sobre todas las otras. Si vamos a hacer algo, tenemos que estar en guardia para proteger nuestro corazón, el cual es el centro palpitante de nuestro ser.

Esa misma advertencia se dio a los sacerdotes de Israel que habían abandonado a sus esposas por mujeres de otras naciones. Dios mismo testificó contra ellos porque habían destrozado el corazón de sus esposas. Mientras eran ellos tentados a romper sus pactos matrimoniales, Dios les dio la solución: "Guardaos, pues, en vuestro espíritu, y no seáis desleales para con la mujer de vuestra juventud" (Malaquías 2:15).

¿Cómo iban ellos a guardar sus espíritus? Pues haciendo honor al compromiso contraído y alejándose de toda fuente de tentación. Al igual que los sacerdotes de Israel, nosotros debemos tener buen cuidado de alejarnos de toda fuente de tentación. Los sacerdotes tenían que evitar todo contacto o acercamiento con mujeres extranjeras, y nosotros debemos evitar toda situación que ponga en peligro nuestra decisión de perdonar.

Si emociones pecaminosas lo atacan, busque usted inmediatamente, un modo de proteger su corazón. Si un encuentro con su ofensor lo pondría en peligro de desarrollar un espíritu de rencor y no de perdón, mejor evítelo. Tómese espacio y tiempo para afirmar sus sentimientos en la Palabra de Dios.

El hijo adolescente de un pastor fue reprendido en público y luego oraron "piadosamente" por él, y todo eso fue obra del pastor de jóvenes. El jovencito admitió su ira, y oró con su padre para perdonar al pastor de jóvenes por lo que le había hecho. Al domingo siguiente, el muchacho dijo al padre que no quería ir a la iglesia. Tenía miedo de enfrentarse con el pastor de jóvenes, perder los estribos, y decirle alguna cosa fea. Era un tiempo emocionalmente muy sensitivo para él, y necesitaba algo de tiempo y distancia, para tener una buena perspectiva. Estaba protegiendo su corazón para poder mantener el espíritu perdonador.

Lo mismo que este joven, quizá usted necesita cierto tiempo para estabilizar sus emociones antes de tener un encuentro con la persona que lo ofendió. Admita que usted es vulnerable, y considere que debe proteger su corazón. Si se enfrenta cara a cara con el ofensor, en tan corto tiempo, puede que la ira sea más fuerte que el amor y lo eche todo a perder. Así que, mantenga la distancia, por ahora.

Hay varias cosas que pueden ayudarle a proteger su corazón.

Mantenga su meta en mente. Proteger su corazón no es una manera de escapar ni una forma de desquite. Simplemente es que usted necesita algún tiempo para estabilizarse emocionalmente, para conservar mejor el espíritu de perdón.

Vea su precaución como una necesidad de corto tiempo, no como una solución permanente. Si usted trata de proteger su corazón diciendo: "Nunca más le volveré a hablar, no importa lo que pase", usted está mal. O si usted se retira de la iglesia cinco minutos después que el líder que lo ofendió, está mal. No haga eso sólo para proteger sus sentimientos. Recuerde: todo lo que usted necesita es un poco de tiempo para poner sus emociones bajo el control del Espíritu Santo, así usted podrá responder a su ofensor con amor.

No cuide de usted mismo como usando una forma de revancha sutil. Cuando usted sienta que Dios le indica mantener cierta distancia con la otra persona, no haga eso como un contraataque. Si es posible, ni siquiera hable con la otra persona durante ese tiempo. Pero en caso de que sin pensarlo ni buscarlo usted se encuentra de pronto con esa persona, tome eso como una oportunidad que el Señor le da para iniciar la reconciliación.

No sea cándido. El perdón sincero no es necesariamente ingenuo. Aunque el verdadero amor "Todo lo sufre, todo lo cree, todo lo espera, todo lo soporta" (1 Corintios 13:7), también comprendemos que una conducta pecaminosa no se desvanece así como así cuando perdonamos al pecador. Hay personas que son sorprendidas en alguna falta (Gálatas 6:1), y que repiten vez tras vez la misma falta. Repiten episodios de borrachera, infidelidad, o estallidos de ira. Extenderles el perdón no significa que van a dejar de cometer las mismas cosas. Cuando perdonamos hacemos lo que Dios pide, pero nuestro perdón no santifica automáticamente a la otra persona.

De modo que si la otra persona sigue cometiendo contra nosotros las mismas ofensas, mantengamos firmes y sanas nuestras emociones. Al mismo tiempo pensemos que algo podríamos hacer para librar a esa persona de su mala conducta. Dios puede, finalmente, querer que usted confronte a la persona. Pero antes que lo haga, usted se verá envuelto en la típica lucha espiritual que sigue al acto de perdonar.

Espere una tormenta interior

Nuestra vieja naturaleza solamente genera ideas que desatan emociones negativas (Romanos 7:18; Efesios 2:3). El pecado que mora en nosotros ataca cada respuesta positiva que hacemos a la Palabra de Dios. Es una guerra sin descanso. Por un lado sentimos un fuerte impulso al odio, discordia, ira, disensiones y divisiones (Gálatas 5:19-21). Por otro lado sentimos un arrastre hacia la paz, paciencia, bondad y gentileza (Gálatas 5:22-23).

Cuando perdonamos, vivimos conforme a nuestra nueva naturaleza cristiana, y elegimos la paz. Al mismo tiempo, la naturaleza pecaminosa dentro de nosotros lleva un contraataque, y nos empuja hacia el resentimiento y la ira.

¿Ha experimentado usted esa lucha interior? El apóstol Pablo conoció idéntica lucha. Así que aplique usted sus palabras a su deseo de honrar la decisión de perdonar. "Y yo sé que en mí, esto es, en mi carne, no mora el bien; porque el querer el bien está en mí, pero no el hacerlo. Porque no hago el bien que quiero, sino el mal que no quiero, eso hago" (Romanos 7:18,19).

Tal lucha interior viene de dos deseos que no pueden ser reconciliados. La vieja naturaleza exige venganza; la nueva naturaleza le impulsa a darse en amor. El pecado y su nueva naturaleza están siempre en conflicto; por eso a veces usted hace cosas que no desearía hacer (Gálatas 5:17).

Muy bien podríamos parafrasear y aplicar las palabras de Pablo de esta manera: "Porque tengo el deseo de amar otra vez, pero no puedo realizarlo. Recuerdos perturbantes, pensamientos negativos y malos sentimientos me sobrepujan".

Usted puede esperar que su vieja naturaleza lo acose. Prepárese para un asalto de ella armándose de buenos pensamientos y decidiendo que su perdón ha sido para siempre. Y que con la ayuda del Espíritu Santo usted continuará por el camino de perdón que ya ha iniciado.

Ponga su base contra Satanás

Nuestra naturaleza de pecado nos hace difícil continuar con el perdón. Para hacer las cosas peor, Satanás, el enemigo de nuestras almas, es el acusador número uno. De hecho, la Biblia lo llama "El acusador de los hermanos" (Apocalipsis 12:10). Si hay alguien que atacará nuestra decisión de perdonar, sin duda ése será Satanás. Pablo escribió: "Porque no tenemos lucha contra carne y sangre, sino contra principados, contra potestades, contra los gobernadores de las tinieblas de este mundo, contra huestes espirituales de maldad en las regiones celestes" (Efesios 6:7). Satán tiene sus limitadas fuerzas. Son una horda de ángeles caídos, o demonios. Nosotros los cristianos estamos en permanente guerra contra la milicia de Satanás.

¿Ha considerado usted lo que Satanás usa para atacarnos? Su asalto en contra nuestra se parece a "dardos de fuego" que no pueden ser extinguidos fácilmente (Efesios 12:16). Esos dardos son, muy a menudo, malos pensamientos que él dirige a nuestra mente y los usa para perturbarnos emocional y espiritualmente.

El difunto Marril F. Unger, que fue profesor en el Seminario Teológico de Dallas, hablaba bien balanceadamente de esa guerra espiritual. A fines de la década del 70, él escribió un libro titulado *What Demons Can Do to Saints* (Lo que los demonios pueden hacer a los santos). De su vasta experiencia y conocimiento del asunto, el doctor Unger decía que los demonios atacan nuestra mente, nuestra voluntad y nuestras emociones. Y dice que la actividad demoníaca de esta naturaleza es muy común entre los cristianos.[1]

Los malos espíritus no pueden leer nuestros pensamientos, pero pueden poner ideas en nuestra mente, las cuales son contrarias a la Palabra de Dios. Nuestra lucha contra las fuerzas de las tinieblas gira alrededor de Satanás y su habilidad para engañarnos y desviarnos, y lo hace atacando nuestra mente.

Satanás sabe que si él puede controlar nuestra mente, también puede dirigir nuestra vida. Considere a Ananías y Safira, quienes confesaban abiertamente ser cristianos y formaron parte de la iglesia primitiva (Hechos 5:1-11). Vendieron una parte de su propiedad, y al traer el precio a los apóstoles, mintieron; declararon que habían cobrado menos de lo que era cierto. Ellos mintieron. ¿Por qué? ¿Era por el pecado de codicia que estaba en acción? Sin duda. Pero había algo más. Pedro dijo: "Ananías, ¿por qué llenó Satanás tu corazón para que mintieses al Espíritu Santo...? (Verso 3).

¿Cómo llenó Satanás sus corazones? ¿Cómo llegó a seducirlos? Satanás usó pensamientos engañosos para encender emociones negativas y obtener control sobre Ananías y Zafira. Imaginemos cómo Satanás susurró sus ideas en oídos de Ananías. "Ananias, tú has trabajado arduamente para poder tener esa tierra. No derroches tu dinero. Justamente da un poquito para que los apóstoles te miren con buenos ojos. Safira, ese dinero es tu seguridad. ¿Qué pasará si Ananías se muere? ¿Quién cuidará de ti? ¿Por qué no das sólo una parte del dinero? ¿Cómo pueden ellos saber la diferencia?"

Considere el paralelo de esto con su vida. El Espíritu Santo lo ha traído a usted al punto de perdonar a su ofensor. Ahora Satanás ataca esa decisión. Juegos de la mente. Satanás usa su vieja naturaleza. Esa es la estrategia de Satán. Así que cuando se trata de perdonar a alguien, el diablo usa la misma táctica en un intento de hacer abortar el perdón.

¿Puede usted oír su voz? Usted puede estar sufriendo el caso de la infidelidad de su esposa. Satanás susurra en sus oídos: "¿Quiere Dios realmente que la perdones, después de lo que ha hecho?" Cuando usted se encuentra con el hermano insensible que difamó de su carácter, Satanás le dice: "¿Lo viste como sonríe? Dios no va a hacer ninguna justicia con él. Si tú no tomas desquite, nada se le va a hacer".

¿Puede usted oír al acusador haciendo lo mejor que sabe? El diablo desea que usted se junte con él, para poner ambos el dedo acusador sobre ese inculpado a quien usted ya perdonó.

Usted puede enfrentarse al esposo que está batallando con el alcoholismo. Satanás aconseja: "Él lo va a hacer vez tras vez, porque es un alcohólico sin remedio. ¿Hasta cuándo vas a ser un estropajo? Sal de una vez de este lío. No tienes por qué vivir aguantando a un borracho". Después que usted tenga una batalla verbal con su cónyuge, Satán comentará: "Dios no te cuida realmente de ti y tu matrimonio. Si Él lo hiciera, no permitiría que sucedieran estas cosas".

¿Cómo puede responder usted cuando Satanás intenta llenar su corazón de amargura? ¿Aceptará usted sus interminables acusaciones y enredos? ¿Renunciará usted a su decisión de perdonar? ¿Permitirá usted que sus negativas emociones estropeen lo mejor que tiene usted? Usted necesita ponerse firme y decir ¡no! Puede pararse firme sobre su base y defender su decisión contra el acusador. ¿Cómo? Poniendo sus pensamientos bajo el control del Espíritu Santo.

Capture sus pensamientos

Lo que usted piensa determina lo que usted hace. Las ideas tienen consecuencias. Sus pensamientos generan sus emociones. Si sus emociones van a quedar firmes después que usted ha perdonado, sus pensamientos deben continuar igualmente firmes.

Una de las afirmaciones más claras en cuanto a este principio la hallamos en 2 Corintios 10:5: "Derribando argumentos y toda altivez que se levanta contra el conocimiento de Dios, y llevando cautivo todo pensamiento a la obediencia a Cristo".[2] Debemos confiar en Cristo, y seguirle sólo a Él. La clave para seguir pensando firmemente en el perdón, es tomar todos sus pensamientos sobre el asunto y ponerlos bajo el señorío de Cristo y la verdad de la Palabra de Dios. Pablo nos recomienda capturar los malos pensamientos y destruirlos como si fuesen alimañas.

No hay ningún pensamiento que esté fuera del alcance de Dios. Pablo dice: "Porque la sabiduría de este mundo es insensatez para con Dios; pues escrito está: Él prende a los sabios en la astucia de ellos. Y otra vez: El Señor conoce los pensamientos de los sabios, que son vanos" (1 Corintios 3:19-20). Mientras usted está aprendiendo a amar otra vez, se verá envuelto en una lucha espiritual. Pero usted podrá tener rectos sus pensamientos si procura que éstos estén en línea con los pensamientos de Cristo tal y como están dados en su Palabra.

Si usted está alerta y en guardia, podrá conocer los pensamientos que vienen a su mente. Si usted escudriña la Palabra de Dios, será capaz de comparar sus pensamientos con la verdad. En orden a vivir una buena vida, usted debe captar limpiamente los pensamientos de la Palabra de Dios;

y también los pensamientos que vienen del mundo, el pecado y la carne. Usted deberá aprender a demoler cualquier sistema de pensamiento que proceda de Satanás. Ponga esos malos pensamientos bajo la pena capital. Destrúyalos en venganza. Entonces usted reemplazará los malos pensamientos y engaños —las supercherías— con dos disciplinas mandatorias cristianas de corte militar: meditación de la Palabra de Dios, y aceptación de la Palabra de Dios para su vida.

Jesucristo nos da la mejor ilustración de esta importante verdad. En todo momento que fue incitado a hacer algo en contra de lo que es recto, Él fue contra ello con la Palabra de Dios. Lo hizo repetidas veces en el desierto cuando fue tentado por Satanás (Mateo 4:1-11). Satanás apeló a las necesidades básicas de la naturaleza humana, pero Jesús respondió a cada falsa insinuación citando la Palabra de Dios. Usted puede hacer lo mismo cuando Satanás apele a su vieja naturaleza para hacerle dar marcha atrás a su decisión de perdonar, y continuar perdonando.

Imagine que su ex esposa ha puesto a sus hijos contra usted. Usted ha buscado el perdón por el mal que hizo, y también ha perdonado a su esposa por sus ofensas contra usted. Pero ahora, años más tarde, la hostilidad por esos incidentes resurge con fuerza.

Es el día de Navidad, y usted va a buscar a sus chicos para sacarlos por la tarde. Cuando llega a la casa, nota en el aire la tensión de siempre. Su ex esposa le echa una mirada de odio a usted y le dice: "¿No era suficiente con que arruinaras nuestra vida, y ahora quieres arruinar nuestra Navidad?"

Un pensamiento salta en su mente para responder a este abrupto. Siente el deseo de contestar en el mismo tono y con las mismas palabras. ¿Es ese pensamiento de Dios? Obviamente no. Halla su fuente en Satanás, o en la vieja naturaleza que está viva todavía en usted (Romanos 7). Pero usted ha decidido, habiendo ya perdonado a su esposa, que va a capturar esos malos pensamientos y los va a llevar a la muerte. No permitirá que esos pensamientos controlen su mente y sus emociones. En vez de ello, usted traerá sus pensamientos cautivos a la obediencia de Cristo (2 Corintios 9:13). Cuando usted reconoce el ataque del diablo, y se vuelve al Señor, los pensamientos carnales se deshacen en Su presencia.

Por llevar sus pensamientos cautivos a la obediencia de Cristo, usted levanta una barrera entre las heridas que sufrió en el pasado y la tentación de tomar revancha en el presente. Cuide usted el perdón que ha concedido previamente, y rehúse devolver insulto por insulto (Romanos 12:17). Y siempre que usted continúe llevando sus pensamientos cautivos al Señor, su mente seguirá en un maravilloso proceso de cambio.

Renueve su mente

Si usted tiene un conocimiento limitado de la palabra de Dios, tendrá dificultad en conocer un pensamiento engañoso y falso. El mandamiento de la Palabra de Dios es preciso: "No os conforméis a este siglo, sino transformaos por medio de la renovación de vuestro entendimiento, para que comprobéis cuál sea la buena voluntad de Dios, agradable y perfecta" (Romanos 12:2).

Cada pensamiento que viene a nuestra mente debe ser probado, a ver si corresponde obedientemente a la voluntad de Dios. Para que esto pueda suceder en nuestra mente, ésta debe estar condicionada a los pensamientos de Dios más que a los pensamientos del mundo. Si usted está dispuesto a consolidar su deseo de perdón, debe permitir que su mente sea alimentada y refrescada por las Escrituras. Usted debe leer la Palabra de verdad cada día, para poder reconocer cualquier error que se meta sutilmente. Y cuando su mente sea renovada, entonces sus emociones serán el producto del recto pensamiento. Sus sentimientos estarán a tono con la Palabra de Dios.

He aquí cómo una mente renovada captura pensamientos con el arma de la verdad:

- "He sido abandonado, y nadie cuida de mí". ¡Error! Dios dice: "No te desampararé, ni te dejaré" (Hebreos 13:5).
- "Han abusado de mí, y nadie me comprende". ¡Error! Jesús comprende. "Fue tentado en todo según nuestra semejanza, pero sin pecado" (Hebreos 4:15).
- "He sido calumniado. Mi reputación está por los suelos". ¡De ninguna manera! La Palabra de Dios declara: "Si Dios es por nosotros, ¿quién contra nosotros?" (Romanos 8:31).
- "He sido calumniado injustamente y me han convertido en un hazmerreír" ¡No señor! "Así que, no juzguéis nada antes de tiempo, hasta que venga el Señor, el cual aclarará también lo oculto de las tinieblas, y manifestará las intenciones de los corazones; y entonces cada uno recibirá su alabanza de Dios" (1 Corintios 4:5).

Cuando usted continúe sometiendo sus pensamientos a la palabra de Dios, notará que sus heridas emocionales comienzan a sanar. Mientras permita que su mente esté en el proceso de renovación, sus emociones serán calmadas. "Y la paz de Dios, que sobrepasa todo entendimiento, guardará vuestros corazones y vuestros pensamientos en Cristo Jesús" (Filipenses 4:7).

Mientras usted mantiene el perdón en su corazón hacia la persona que le hizo mal, ¿qué puede hacer usted con las heridas de su corazón, que todavía sangran? ¿Podrán sanarse esas heridas? ¿Es la sanidad emocional fantasía o realidad? Eso lo veremos en el próximo capítulo.

11

Sanando
emocionalmente

Los recuerdos están grabados con cincel en mi mente y corazón. Hasta este día no comprendo qué sucedió, pero comprendo que eso nos hirió profundamente a mi familia y a mí. Dudo que algún día pueda yo olvidar el mar de lágrimas y la sensación de que mi agonía emocional iba a consumirme.

En más de una ocasión le pregunté al Señor: "¿Por qué, Señor? ¿Por qué a mí? ¿Por qué pasó esto?" La razón: Dios quería que este libro fuera martillado en el yunque de la experiencia. Estas verdades tenían que ser probadas en nuestras vidas antes que Dios nos permitiera compartirlas con usted.

La lección más difícil que tuve que aprender fue cómo tratar con la angustia emocional que se siente, cuando uno ha sido devastado por las acciones de otra persona. Sentimientos de ira y desesperación parecen tener mente propia. Cuando usted menos lo espera, surgen desde lo hondo para robarle la quietud y la paz. De algún modo, pueden invadir sus días más alegres y sus noches más tranquilas.

¿Entiende usted lo que quiero decir? ¿Ha llorado usted por las noches, agonizando por el dolor que le ha producido lo que sucedió entre usted y otra persona? ¿Ha sido usted tan herido que ya no sabe cómo orar? ¿Recuerda haberse sentido tan indefenso que sólo el Espíritu Santo podía orar por usted? ¿Ha dudado usted de que tal angustia pueda salir algún día de su alma?

Se ha ido para siempre

Es importante recordar que las emociones no son el barómetro del perdón. Hay personas que hallan inmediato alivio emocional cuando perdonan. Pero la Escritura no garantiza un alivio inmediato. Si eso sucede, magnífico; pero no se puede contar con ello. Para la mayoría de nosotros la sanidad emocional toma tiempo, y necesita el toque de la mano de Dios.

En el antiguo Israel, el Día de Expiación —Dia Nacional del Perdón— ilustraba perfectamente el contraste entre perdón inmediato y gradual sanidad emocional (Levítico 16, Hebreos 9:1-14). Imagínese usted que está en el monte cerca del Templo de Jerusalén. El sacerdote lleva dos machos cabríos al templo. Uno será sacrificado en un procedimiento kosher. El cuchillo del sacrificio corta su vena yugular. Este animal es sacrificado por los pecados del pueblo. El sacerdote toma su sangre y la lleva al Lugar Santísimo, donde la derrama en el altar ante la presencia de Dios. Todos los pecados quedan perdonados antes de que se ponga el sol ese día. La aspersión de la sangre del animal en el altar cierra el caso de todas las ofensas.

¿Pero, qué acerca del segundo macho cabrío? ¿Qué parte le toca jugar a él en este drama de perdón?

El sacerdote se vuelve del animal sacrificado al que está todavía vivo. Pone sus manos ensangrentadas sobre la cabeza del macho cabrío —lo cual representa la transferencia de los pecados del pueblo al animal—. Este macho cabrío, llamado a veces "chivo emisario", es llevado al desierto. Algunos centinelas vigilan de vez en cuando su marcha. Es necesario que se pierda en la tierra inhabitada.

Los centinelas traen la noticia a Jerusalén que ya el macho cabrío se ha perdido, y nadie volverá a verlo otra vez. Tal informe es saludado con gritos de alegría y acción de gracias "¡El chivo emisario se ha perdido en el desierto —grita el pueblo— Se ha ido para siempre. Y con él se han ido todos nuestros pecados!"

Pensemos en estos dos machos cabríos como las dos partes del perdón y su sanidad. El primero es animal para expiación. La muerte inmediata de este macho cabrío simboliza el perdón inmediato. El segundo macho cabrío es para liberación. El liberar a este animal en tierra desértica requiere tiempo y esfuerzo. El segundo animal ilustra la seguridad, rara vez inmediata, de tener sanidad emocional después del perdón.

Enfoque usted sus binoculares en este segundo macho cabrío mientras es llevado al desierto y hasta que al fin desaparece de la vista. Mire las señales que hacen los centinelas que han atisbado al animal, están diciendo: "¡El macho cabrío se ha perdido por completo. Se ha ido para siempre!" Similarmente, llegará el tiempo en que las emociones de usted se mitiguen. Entonces recordará lo que sucedió, pero el dolor se habrá ido.

El camino hacia la sanidad emocional

¿Está usted listo para enviar ese segundo macho cabrío al desierto? Entonces, considere algunas cuestiones esenciales en el camino hacia la completa recuperación emocional.

Exponga su corazón a Dios. Un prerrequisito para recuperar la sanidad emocional es decirle claramente a Dios lo que uno siente. ¿Halla usted que eso es difícil? Pudiera ser por su falta de fe, o por un secreto resentimiento contra Dios porque dejó que usted fuera calumniado, insultado o abusado. ¿O no será que usted está enojado con Dios, y rehúsa mencionar sus más íntimos pensamientos? ¿Por qué no es sincero con Él acerca de su desilusión? Más de una vez yo le he dicho al Señor: "Yo no puedo comprender la razón por la cual permitiste que *esto* suceda. No tiene para mí ningún sentido". ¿Y sabe usted qué he descubierto? Cuando soy honesto en mi desesperación, el Señor me encuentra justo donde estoy. No mucho después estoy diciendo con el salmista: "Esperad en Él en todo tiempo, oh pueblos; derramad delante de Él vuestro corazón; Dios es nuestro refugio" (Salmo 62:8).

Por experiencias personales, puedo decirle que el dolor emocional podría trazar una línea divisoria entre usted y Dios, o podría ser algo que le lleve más cerca de Él. Todo depende la forma en que uno responda. A veces me permito hundirme en mi propia frustración, dejando a Dios a la distancia. En otras ocasiones, soy completamente transparente y clamo a Dios en mi angustia. Su amor está siempre allí, y me responde cuando yo lloro delante de Él sintiéndome indefenso y completamente dependiente. Toda vez que expongo mi corazón a Él, siento Su compasión y cuidado.

Si usted está soportando en este momento alguna dolorosa herida, no lea una palabra más antes de decirle al Señor cómo se siente. Sea honesto. Sea transparente. Sea real. Recuerde: Él es el médico de su alma.

Soporte su pena para la gloria de Dios. "Pero me duele mucho. No puedo dejar de llorar. Estoy agotado emocional y físicamente. Todo me parece devastado". Sí, todo parecerá devastado si su agonía permanece con usted, pues usted debe entregar su agonía al Señor como quien realiza un sacrificio.

Hay una manera de redimir eso que usted está sufriendo. Dios quiere que usted confíe en Él en los tiempos difíciles. Él quiere que usted descanse en Su amor y bondad cuando la vida no tiene sentido. Cuando usted está devastado, y aún así se entrega a Él, Él se agrada.

Usted puede sentirse como esclavo de su dolor y pena. Con sólo pensar en la persona que lo ofendió, ya se deprime y angustia. Pero es precisamente cuando usted se siente esclavo, que la Biblia le habla a sus sentimientos y le dice: "Porque esto halla favor con Dios: El que un hombre soporte el dolor de injustos sufrimientos porque es consciente de Dios —y cuya presencia no ignora el dolor de ese corazón—. De modo que si sufre haciendo el bien y lo soporta, esto es recomendable y agradable delante de Dios. Para esto Él le da Su fortaleza a través del sufrimiento, y esto sucede en todos los cristianos; y es más, esto es una regla del llamamiento de Dios a nosotros. Por esta causa Cristo murió en la cruz, y sufrió lo indecible, para dejarnos ejemplo y para que hoy nosotros sigamos su ejemplo". (1 Pedro 2:19-21, paráfrasis del autor).

Así que considere usted su pesar como:

- Una circunstancia designada para que usted se acerque a Dios.
- Una vívida ocasión para que usted recuerde los sufrimientos de Cristo sobre la cruz.
- Una oportunidad para que usted se encomiende a un Dios amoroso que juzga justamente, así como Cristo se confió al Padre cuando murió por nuestros pecados.

Usted puede encaminar sus sufrimientos para la gloria de Dios, lo cual también le abrirá la puerta para que usted experimente en plena medida Su increíble amor.

Eche su carga sobre Cristo. La sanidad emocional se produce cuando usted pone todos sus dolores internos a los pies de la cruz. Fue el apóstol Pedro, el que tan a menudo luchaba con sus emociones, quien escribió: "Echando toda vuestra ansiedad sobre Él, porque Él tiene cuidado de vosotros" (1 Pedro 5:7). Cuando el dolor emocional surge en usted, y la ansiedad brota, ese es el momento de echar todo sobre el Señor Jesús. ¿Por qué? Porque él cuida seguramente, Él llevará las cargas por usted.

El texto de 1 Pedro 5:7 expresa lo mismo que escribiera el rey David: "Echa sobre Jehová tu carga, y Él te sustentará.

No dejará para siempre caído al justo" (Salmo 55:22). Este verso describe a un hombre caminando por el desierto con una pesada carga sobre sus hombros. Un mercader árabe pasa cerca de él y le invita a poner su carga sobre el camello. De la misma manera el Señor está deseoso, y bien puede hacerlo, de cargar sobre Él la carga suya, aun cuando usted se sienta perdido en un desierto con una sola cantimplora de agua. Dios lo sustentará y lo ayudará para que no desmaye bajo su carga y encuentre el alivio que necesita.

A ese punto usted estará diciendo: "¿Pero cómo puede Dios tener cuidado de mí, cuando he hecho tantas cosas malas?" ¿Se ha detenido usted a pensar en las cosas malas que hizo Pedro? Negó a Jesús en la hora de mayor necesidad. Cuando Jesús más necesitaba a sus compañeros de oración, Pedro fue uno de los que se quedó dormido. Aun después de la resurrección, Pedro fue uno de los que no afirmó con énfasis amar a Jesús. Sin embargo, años más tarde, Pedro escribió que Jesús tiene cuidado de todos.

Jesús cuida de usted, no importa lo que usted haya hecho ni lo que otros le hayan hecho a usted. Él desea cargar con la ansiedad y el dolor de usted. Cuando usted echa sus problemas sobre Jesús, quien es el autor y consumador de nuestra fe, usted está fijando los ojos en Él. Está mirando al único que soportó el dolor por usted. Él le anima a resistir las pruebas, y nunca ceder (Hebreos 12:2,3).

¿Pero cómo puede usted echar sus cargas sobre él? Simplemente, acuda a Jesús en los momentos de mayor necesidad, antes que a ningún hombre, sin o tratar de llevar la carga usted solo.

Marie sabía que ella sola no podía soportar la carga de la infidelidad de su marido. Había perdonado a Joe por varios casos de adulterio durante un período de diez años. Y ya había tomado varias resoluciones para fortalecer su matrimonio, y ayudar a Joe a dejar su pecado.

Pero una noche, varias semanas después del último caso, Joe inició con Marie varios avances amorosos. Pero la mente de ella se llenó con la imagen de otras mujeres, a quienes él les había hecho los mismos juegos. Su mente voló: *"¿Estará él pensando en ellas en vez de en mí?"* Su corazón trató de guardar el paso con su mente, pero la ansiedad hizo presa de ella. Mas pudo salir del cuarto antes de que Joe advirtiera sus lágrimas.

Sola en el cuarto de baño, lloró: "Señor, ya lo he perdonado. Ayúdame a amarlo otra vez". Su grito por ayuda fue contestado. Recuperó su compostura y pudo pasar una deliciosa noche con su marido. La paz de Dios se hizo evidente.

Usted puede echar toda su carga emocional sobre Jesús haciendo una simple y sincera oración. Mientras esté orando, crea que Él toma su carga, y que la lleva en sus hombros por usted. Camine luego en paz.

Hallando a uno que comparta la carga. Cuando echamos nuestras cargas sobre el Señor, Él puede introducir en nuestras vidas a alguien que sepa compartir nuestras penas y ansiedades. Aunque mi esposa es mi mejor amiga, yo tengo también más de un par de hombres a quienes llamo "hermanos de sangre". En cada caso, la relación fue forjada durante un tiempo de intenso dolor emocional.

Mi amistad con Bill empezó en un tiempo en que parecía que el ministerio de The Art of Family Living iba a fracasar. La comisión directiva le pidió a Bill que ayudara a resolver lo que parecía ser una insuperable crisis financiera. Bill trajo su fe y su talento financiero a nuestra organización, y no mucho tiempo después me había animado a mí, y había estabilizado las finanzas del ministerio.

Otra amistad que yo valoro profundamente es la de Irv, un hombre que conocí cuando su hermano Bob, de treinta y siete años, se estaba muriendo de cáncer. El Señor me permitió ser parte de ese doloroso pero triunfante tiempo en las vidas de Irv y su familia. Yo le brindé soporte emocional en ese tiempo, y él me ha pagado con creces por todo lo que hice por él.

Mi amistad con Ron Brame creció cuando su esposa Kathy batallaba valerosamente con un cáncer en el cerebro. Haciendo frente a su propia muerte, Kathy llegó a conocer al Señor, y fue el asombro de todos verla caminar en la paz y el poder del Señor. Su vida irradiaba la gloria del Señor Jesús, tanto que Ron su marido accedió ir a la iglesia con ella. Un domingo por la mañana, con Kathy a su lado, Ron inclinó su cabeza y le pidió al Señor que fuera su Salvador.

Kathy vivió más tiempo de lo que los doctores esperaban. Y sin ser impedida por el cáncer, pudo traer al mundo dos preciosos niños. A lo largo de los años, y especialmente durante los días finales de Kathy aquí, pude compartir el dolor de Ron y Kathy. Este libro está dedicado a su memoria.

A pesar de las cargas que ha tenido que soportar, Ron es capaz de levantar mis fuerzas cuando la carga del ministerio se hace demasiado pesada, casi insoportable. Fue Ron quien me hizo recordar Eclesiastés 4:9-10: "Mejores son dos que uno; porque tienen mejor paga de su trabajo. Porque si cayeren, el uno levantará a su compañero; pero ¡ay del solo! que cuando cayere, no habrá segundo que lo levante".

Con Bill, Irv y Ron, he aprendido la importancia de la amistad, y también la necesidad de "llevar los unos las cargas de los otros...y cumplir así la ley de Cristo" (Gálatas 6:2).

Cuando usted esté sufriendo, no sufra solo. Si necesita ayuda —y claro que la necesita— pídala. Dios desea proveerle esa ayuda, y su método puede ser un buen amigo que se pondrá a su lado para consolarle.

Mantenga un corazón puro hacia su ofensor. La gente con problemas tiende a culpar a otros. La respuesta que dan a su propio problema es infligir algún daño en las personas que lo rodean. Pero usted piense de sus ofensores conforme a la Palabra de Dios. Caín se resintió mucho cuando Dios no aceptó su sacrificio; y así, en un rapto de ira y celos, se levantó contra su hermano Abel y lo mató (Génesis 4:2-8).

Los hermanos de José tuvieron celos del afecto especial de Jacob para ese hijo, y por eso lo vendieron como esclavo

(Génesis 37:23-27). El rey Saúl fue un hombre atrapado por su orgullo y un mal espíritu. En su agonía de alma, intentó varias veces matar a David (1 Samuel 18-19), y aun se volvió contra su propio hijo Jonatán (1 Samuel 20:30,31).

Usted puede resolver su propia miseria, si trata de ver la ruina espiritual de las personas que lo ofendieron. Pero usted estará bien puesto en el camino de su recuperación emocional y espiritual cuando sienta honestamente compasión y simpatía hacia cada uno de ellos.

Exprese usted su bondad hacia el ofensor haciendo lo mejor que pueda por él. En el libro de Proverbios podemos leer: "Si el que te aborrece tiene hambre, dale de comer pan. Y si tuviere sed, dale de beber agua" (Capítulo 25:21-22).

Déle algún valor a la persona que lo ofendió. Tan absolutamente malo no puede ser. Darle valor a otros es la esencia del amor. Y porque amamos al ofensor, rehusamos pelear con él. En vez de eso reaccionamos de una manera cordial y amorosa, no importa cómo nos sintamos. Pero esto no es practicar hipocresía. Simplemente es la dinámica de lo que sucede cuando el amor enfrenta al odio.

Ore por su ofensor. David escribió: "Porque boca de impío y boca de engañador se han abierto contra mí; han hablado de mí con lengua mentirosa; con palabras de odio me han rodeado y pelearon contra mí sin causa. En pago de mi amor me han sido adversarios; mas yo oraba" (Salmo 109:2-4). Notemos cómo David respondió al ataque: oró por sus adversarios.

Orar a favor de nuestros ofensores no es solamente una buena idea. Es un mandamiento de Jesucristo: "Pero yo os digo: amad a vuestros enemigos, bendecid a los que os maldicen, haced bien a los que os aborrecen, y orad por los que os ultrajan y persiguen" (Mateo 5:44). Y cuando usted ore de esta manera, espere que Dios componga las relaciones.

Una de las bendiciones más grandes que recibimos en nuestro ministerio radial, son las incontables cartas que nos llegan de los oyentes contando maravillosas historias de cómo la gracia de Dios se ha manifestado en sus vidas. Cierto día, un miembro de nuestro equipo vino a mí y me dijo: "John, tienes que leer esta carta". Era la carta de una mujer llamada Linda.

Linda relataba que su marido, que no era cristiano, la dejó por otra mujer; pero ella permaneció sola y fiel durante quince años mientras él vivía con la otra.

Entonces ocurrió algo increíble. Jim se hizo cristiano después que su compañera de vida murió. Linda y Jim renovaron sus votos de matrimonio y disfrutaron diecisiete años de unidad en Cristo. Linda nos escribió después que Jim murió de cáncer. En su carta refleja lo que había pasado.

> "Los últimos años que pasamos juntos eran dignos de la espera. Ahora sé que mi precioso marido está en el cielo. Por eso estuve orando mucho tiempo; rogaba que Jim pudiera hallar a Cristo. Yo no cambiaría nada por esos últimos diecisiete años, especialmente por el tiempo que pasé ayudando a Jim en su enfermedad. Ahora estoy mirando al día en que nos reunamos de nuevo, y esta vez ya para siempre".

¿Ha orado usted por la persona que lo ha ofendido? ¿Por qué no empieza hoy mismo? Usted quedará asombrado de lo que Dios puede hacer en su vida, y en la de él.

Confíe todo juicio a Dios. Cuando usted ore por la persona que lo ofendió, puede que le esté pidiendo a Dios que solucione el asunto con un juicio sumario y drástico sobre el ofensor. Oiga las palabras del salmista.

> *Muévete y despierta para hacerme justicia, Dios mío y Señor mío, para defender mi causa. Júzgame conforme a tu justicia, Jehová Dios mío.*

Salmo 35:23,24

El apóstol Pablo fue un gran perdonador. Perdonó a todos los que lo habían abandonado (2 Timoteo 4:16). También perdonó y más tarde se reconcilió con Juan Marcos. Pablo también tuvo que tratar con el agudo dolor de ser maltratado, y pasando a través de todas sus ansiedades, encomendó a Dios la solución de todos sus problemas con otros.

En 2 Timoteo 4:14, Pablo habla cándidamente de sus sentimientos:

> *Alejandro el calderero me ha causado muchos males; el Señor le pague conforme a sus hechos.*

Note usted que el apóstol, honesta y voluntariamente, encomienda todo juicio al Señor.

Mientras yo me hallaba estudiando en el colegio, trabajé medio tiempo en una organización cristiana. Por desgracia, mi superior no era un hombre muy apegado a la ética, y por lo tanto, me hizo la vida miserable. Antes que pelear, renuncié al trabajo y me busqué otro. Las acciones de ese hombre pusieron en peligro mi sostén y el de mi familia. Salí de ese trabajo pensando si tal hombre sería corregido alguna vez.

La respuesta vino varios años más tarde. La vida del hombre estaba en total desorden. Cuando escuché la noticia, puedo decir honestamente que sentí pena por él. No dudo que Dios trató al final con él y su vida se volvió una tragedia.

Cuando sus emociones lo impulsen a usted a quitar un perdón que ya ha concedido, confíe el ofensor y la ofensa al Señor. No ande a la pesca de sus recuerdos. Deje que Dios sea el supremo juez.

Mire más allá del inmediato problema. Tenga confianza en que Dios desea que usted permanezca en medio del holocausto emocional.

> *El que comenzó en vosotros la buena obra, también la perfeccionará hasta el día de Jesu-cristo.*

> Filipenses 1:6

Dios usa los tiempos duros para completar su obra perfecta en nosotros. Esta es la fe que usted necesita para hacerle frente a sus diarios problemas.

Pero también hay una perspectiva futura que es esencial para su sanidad emocional. Algunos de nosotros podemos hacerle frente a toda una vida de sufrimientos. Nuestra miseria parece ser interminable. Es precisamente en este punto que nuestra visión debe extenderse más allá de esta vida y alcanzar la eternidad. Debemos pensar en:

> *Pues tengo por cierto que las aflicciones del tiempo presente no son comparables con la gloria venidera que en nosotros ha de manifestarse.*

> Romanos 8:18

Yo aún puedo ver la cara de Joanne cuando miró desde su cama de hospital. Sabía que le quedaban pocos días de vida. Ella miró al rostro de su esposo Bob, y dijo: "Querido, me voy a casa". Era el hogar que por muchos años ella había anhelado. Y con esa visión del hogar celestial recibió un alivio maravilloso de los dolores del cáncer.

Mientras usted resuelve su propia e interna agonía, mantenga los ojos en aquel "hogar" y espere que Dios use su dolor personal para beneficiar a alguna otra persona que tenga necesidad.

Anticípese a lo bueno que está por venir. ¿Estamos realmente deseando creer que Romanos 8:28 es cierto? ¿Realmente todas las cosas actúan para bien? Si usted tiene algunas dudas, consulte a la doctora Helen Roseveare.

Helen estudió en Inglaterra en la Universidad de Cambridge, y fue convertida a Cristo en una reunión de estudiantes. Era soltera y tenía treinta y nueve años de edad cuando dedicó su vida a servir al Salvador, en África. Sirvió como misionera médica en el Congo (ahora Zaire), en la década de los sesenta. Trabajó como enfermera en un hospital y leprosorio de cien camas, y atendía no menos de doscientos cincuenta enfermos cada día.

En 1964 estalló una revolución en el Congo. Un ejército de rebeldes barrió todo el país con violencia. Una noche Helen fue rodeada por las fuerzas rebeldes. Uno de los cabecillas entró en su casa, la forzó a meterse en el dormitorio y le mandó que se desnudase. Cuando lo hizo, la acostó en la cama y la violó brutalmente. Sobrevivió a lo que parecía ser una eternidad de abuso mental y físico. Después de esa experiencia, fue puesta en la cárcel y allí fue violada de nuevo.

¿Podría salir algún bien de ese horror sufrido por la doctora Roseveare?

Cuando la rebelión cesó, la doctora regresó a Zaire, y completó otros veinte años de servicio en esa atribulada y necesitada nación. Después de su trabajo allí, fue comisionada por la Worlwide Evangelization Crusade para hablar en conferencias misioneras por todo el mundo. A lo largo de muchos años, Helen Roseveare ha motivado a miles de estudiantes a servir al Señor en la obra misionera.

En una ocasión, hablando al público, sintió la urgente voz del Espíritu Santo que la conminaba a hablar de aquella vez en que fue violada repetidas veces. Obedeció al Espíritu y contó su experiencia; relató que había sido violada y que por la gracia de Dios había sido sanada de ese espantoso trauma.

Después de la reunión, la buscaron dos muchachas estudiantes. Una estaba llorando histéricamente. A través de las lágrimas esta chica contó que ella había sido violada cinco semanas atrás, y que por vergüenza y dolor no había dicho nada a nadie.

La doctora Roseveare puso su brazo sobre los hombros de la joven y la estrechó contra su corazón. Y se dio cuenta que sus terribles experiencias de tantos años atrás eran ahora sus "credenciales" para poder hablarle a esa muchacha.

Esa noche la doctora comprendió mejor que nunca las palabras del apóstol Pablo:

Bendito sea el Dios y Padre de nuestro Señor
Jesucristo, Padre de misericordias y Dios de
toda consolación, el cual nos consuela en todas
nuestras tribulaciones, para que podamos tam-
bién nosotros consolar a los que están en cual-
quier tribulación, por medio de la consolación
con que nosotros somos consolados por Dios.

2 Corintios 1:3-4

Dios desea usarlo a usted, y aun sus más traumáticas experiencias, para ayudar a otro. Su especialidad es tomar algo sumamente malo y hacer con ello algo grande. ¿Está usted dispuesto a confiar en Él?

Cuando su dolor interno comience a menguar, como lo está haciendo, usted necesita encarar otro asunto importante. Habiendo perdonado al ofensor, y empezado a tratar con su dolor emocional, usted necesita determinar ahora si va a encararse o no con el que le hizo mal.

12

¿Cuándo confronta el amor?

Para muchos, Louise es una esposa perfecta, una gran madre y una abuela maravillosa. Su esposo llegó a la cumbre del éxito a muy temprana edad, y la gente que conoce a Louise dice que ella merece la mitad del éxito de su esposo. Ella es fina y elegante, y luce tan bien en una fiesta de la alta sociedad como en un picnic.

Pero Louise tiene un problema, un problema que sólo su familia y unos pocos amigos conocen. Ella es una alcohólica, que busca el significado de la existencia en el fondo de una botella. Sus nietos nunca obtienen una respuesta cuando preguntan: "¿Qué le pasa a la abuela?"

Todos sabemos, por los capítulos previos leídos que la Palabra de Dios es clara. El esposo de Louise y sus hijos necesitan perdonarla por los problemas que les ha causado a lo largo de los años.

¿No tiene usted alguna Louise en su familia? Puede ser que usted se halle herida porque su marido está casado con su trabajo, y no le atiende a usted ni a sus hijos. Podría ser que un miembro de su familia los tiene en terrible tribulación porque está usando drogas. Quizá un hijo o hija suya los ha puesto en tremendo dolor porque se ha casado con una persona cuyo estilo de vida es diametralmente diferente al suyo. O quizá su hijo no terminó el colegio como usted esperaba, y las cosas no andan tan bien como antes. ¿Sufre usted de una profunda herida porque un miembro de su familia está dominado por la pasión del juego? ¿Está usted demolido por la infidelidad de su cónyuge? ¿Alguno de sus seres queridos tiene un temperamento explosivo, usa palabras hirientes y ofensivas, y anda haciendo siempre observaciones irritantes?

¿Alguien de la iglesia no ha comprendido bien sus motivos, y anda difundiendo mentiras calumniosas, respecto a usted?

La cruda realidad de todos estos males descritos nos trae a una cuestión crítica: ¿Debe usted confrontar a la persona que le está causando daño?

Muchos cristianos tienen el falso concepto de que perdonar es permitir al ofensor seguir haciendo las mismas cosas que provocaron la ofensa. Conozco cierto hombre que abusó de su esposa en mil maneras diferentes; pero ella, en nombre de la sumisión y el perdón, permitió que el hombre siguiera con su conducta, sin decir nada, contrario al consejo que le dio el Pastor. Finalmente llegó al límite de su aguante y explotó: "¡No puedo soportarlo más! ¡Me voy! ¡Firma los papeles. Nuestro matrimonio se acabó!" Hay una fuerte posibilidad de que si se hubiera hecho una acertada confrontación del asunto, se hubiera evitado el divorcio.

Hay cristianos inmaduros y rebeldes que a veces aducen la dirección del Señor como justificación del maltrato que dan a otros. Por supuesto, esto es tonto y a la vez pecaminoso. En contraste, algunos líderes cristianos de hoy se inclinan a desechar, y aun negar, el ministerio del Espíritu Santo en guiarnos en nuestra vida cristiana. Pero la Biblia enseña que Dios quiere guiarnos en nuestro caminar diario, y nosotros necesitamos descansar en Su guía para discernir cuándo o no debemos confrontar al que nos hace mal. (Salmo 23:2-3; Romanos 8:13-14 Gálatas 5:18; Proverbios 3:5-6)

Recuerde: la confrontación no es requisito escritural para otorgar el perdón. Confíe en que Dios, por medio del Espíritu Santo, le revelará Su perfecta voluntad sobre esta materia, y entonces siga voluntariamente su dirección. Mientras usted busca Su guía sea consciente de las razones que el amor confronta, y sea consciente también de las razones que el amor no puede confrontar.

Las razones que el amor confronta

Confronta el tener que ayudar al cambio del ofensor. ¿Conoce usted a alguien que a menudo dice medias verdades sólo para parecer ser bueno al mismo tiempo que hace a otros parecer malos? Obviamente tiene un concepto muy equivocado de sí mismo, o padece un problema de orgullo. Cuando es confrontado con alguna de sus medias verdades, a veces mentiras enteras, balbucea débiles excusas.

Idealmente, cuando se confronta a un individuo acerca de su pecado, la oración es que él pueda cambiar su mente acerca de su comportamiento —eso es arrepentimiento— y hacer un esfuerzo real para dejar el pecado. Usted habla la verdad en amor, orando para que el Señor abra los ojos del ofensor, y que desee realmente ser una persona honesta. Hágale saber, asimismo, que usted, en amor, desea ayudarle a cambiar; y qué es lo que Dios desea de él.

Si en lo profundo de su corazón su real intención es ayudar a la persona a pararse derecha, le recomiendo a usted pensar dos veces antes de hacer el primer movimiento. Los motivos que lo mueven pueden ser sinceros, o pueden ser una velada forma de venganza.

Haga la confrontación en beneficio de aquellos que fueron ofendidos, o cuando vidas inocentes están en peligro. Por supuesto que si la persona que lo ofendió amenaza su vida, y persiste en hacerlo así, usted debe confrontarlo inmediatamente. Si todavía persiste, porque está perturbado mentalmente, o está tomando drogas o tiene cualquier otra psicopatía, busque la ayuda de las autoridades competentes para tratar con él.

Usted también tiene la responsabilidad de hablar bien claro cuando otras personas están en peligro. Trágicamente, hay un constante abuso de niños en nuestra sociedad; y esta horrenda realidad continuará al menos en parte, porque muchas personas prefieren callar el caso antes que denunciarlo. Sabemos que el abuso sexual y físico no debe ser callado, ni tampoco los asaltos verbales. Usted debe ponerse firme si conoce situaciones donde gente inocente, o que carece de ayuda, está en peligro. Dios le mostrará si usted, o alguna otra persona, debe confrontar el caso. Pero no debe continuar. En Proverbios 6:16-19 tenemos una lista de pecados que son detestables a los ojos del Señor. Entre ellos está "las manos que derraman sangre inocente" (v.17). Dios desea que usted ayude a los que no tienen ayuda. Su corazón se revela en las palabras del salmista: "Defended al débil y al huérfano; haced justicia al afligido y al menesteroso. Librad al afligido y al necesitado libradlo de la mano de los impíos" (Salmo 82:3-4).

Una querida amiga mía tomó esta admonición en su corazón, y escribió una carta que demuestra tanto la libertad de perdonar así como la necesidad de confrontar a un abusador de niños. Su carta revela esperanza y sanidad, y a la vez valor y osadía para confrontar.

Estimado Mark:

Una vez confié en ti. Me gustaba andar en tractor atravesando los bosques, escalando los árboles en tu patio y cosechando frescas mazorcas de maíz, de los predios vecinos, para la cena. Deseaba que tú te relacionaras conmigo, tomando el lugar de mi abuelo, quien murió cuando yo era demasiado niña para acordarme de él.

No recuerdo exactamente cuando empecé a temer de ti. Traté de decirle a mamá que no me gustaba la manera como tú me besabas. Pero como yo era demasiado chica, y no sabía expresarme adecuadamente, ella me contestaba diciendo: "¡Oh, es que él es sumamente afectuoso!"

Empecé a temer tener que visitar tu casa, pero me hallaba confusa porque nadie fuera de mí parecía sentir que algo no andaba bien. Comencé a dudar de mí misma, pensando que quizá el problema estaba en mí. Nunca deseaba hallarme a solas contigo, pero todos pensaban que tú eras simplemente bondadoso cuando me invitabas al sótano, o al altillo sobre el garaje, o a caminar por los bosques.

Recuerdo que yo usaba ropas gruesas, y me abotonaba hasta arriba la blusa, para evitar que tú pusieras tus manos sobre mí. Recuerdo como me perseguías alrededor de la mesa de ping-pong. Yo sabía lo que tú deseabas hacer, y trataba de posponerlo lo más posible. Recuerdo que me sentabas sobre tus piernas, o me ponías en la máquina de andar y ponías tus manos en mi blusa. También te recuerdo acostándome en el piso, con las piernas separadas, y forzando tu lengua dentro de mi boca.

¿Cómo pudo ser posible que tú hicieras eso a una niña de diez años, especialmente una que te adoraba y te consideraba su abuelo?

Tú no tenías ningún derecho de hacerme eso a mí, y espero en Dios que no haya más inocentes niñas que sufran en tus manos, mientras tú engañas a sus padres como engañaste los míos.

Yo no estoy enojada contigo, y ahora solamente siento pena por ti. Yo sé que nada de eso fue falta mía. Para mi propia tranquilidad, quiero hacerte saber que me he dado cuenta de lo que hiciste conmigo, y de cómo te aprovechaste de mi inocencia y confianza. Suerte para mí que mi familia se dio cuenta al fin, y le puso un final a tu conducta abusiva. Con el apoyo de ellos, he seguido creciendo sana y normal.

Suerte para ti también que Dios no guarda rencor a nadie, y que Él tiene la habilidad de perdonar a un abusador de niños como tú. Si Dios puede perdonarte, entonces yo también.

Patricia

Confronte la conducta autodestructiva. Una mujer vino a mí muy preocupada acerca de su marido. Me dijo: "Pienso que necesito hacer algo". Le pregunté qué es lo que estaba pasando. Me dijo que su marido había sido arrestado por manejar bajo la influencia del alcohol. Le pregunté si ese era un problema aislado. No lo era. Me dijo que su marido había tenido antes varios problemas a causa del alcohol, y que estaba sufriendo de cirrosis hepática. ¡Y me estaba preguntando si debía hacer algo!

Si alguien relacionado con usted tiene un problema de seria adicción que pone en peligro su salud o la salud de otras personas, entonces usted tiene que hacer algo. Confróntelo de una vez. No espere a que sea demasiado tarde y luego tenga que lamentarlo toda la vida.

Una noche, después de un culto de entresemana, un amigo mío vino y me habló acerca de mi mensaje. No pude oírle nada porque mi amigo —llamado Eric— tenía tal aliento etílico que casi me sentí mareado. Comprendí que Eric tenía un problema que podía destruirlo a él y su familia.

En las siguientes semanas busqué una oportunidad para hablarle. Pero mientras yo me tardaba, él siguió tomando, poniendo en peligro su vida, su trabajo y su familia. Afortunadamente, otro amigo vio la urgente necesidad y tomó cartas en el asunto. Poco después, Eric recomponía los trozos de su vida. Hasta el día de hoy, yo lamento haber tardado.

¿Hay alguien que debe ser confrontado, pero usted vacila porque sabe que será dificultoso? Tome mi palabra: El precio que se paga por esperar puede ser más grande que dar un paso de fe, y confrontar amablemente a su rebelde amigo o pariente.

Confrontar a parientes cuando uno es responsable. Tratándose de ciertas relaciones, Dios le ha dado a usted cierta medida de autoridad sobre la gente. Por ejemplo, Dios le ha dado a usted autoridad sobre sus hijos hasta cierta edad. Cuando alguno de sus hijos menores de edad, tiene un problema crítico, usted tiene la obligación de atender el asunto.

La rebelión de un hijo menor es ejemplo de una conducta ofensiva que los padres no pueden ignorar. En el antiguo Israel la rebelión de los hijos era tratada en los términos más estrictos. Si un padre era impotente para detener la rebelión de un hijo, el hijo tenía que ser apedreado. ¡Imagínese usted, uno o dos apedreamientos de muchachos rebeldes por año eran suficientes para mejorar la conducta de los adolescentes israelíes!

Nuestro método de cuidado familiar hoy día no es el mismo, pero la importancia de tratar con hijos rebeldes cuya conducta llega a un punto crítico, sigue siendo la misma. Muy a menudo muchos padres se hacen de la vista gorda sobre los pecados de los hijos amados. Pero no hay que llegar a lo que se dice, en términos vulgares, un "alcahuete", uno que les permite todo a sus hijos. Si su hijo se está portando mal, confróntelo.

En el libro de Levítico tenemos una seria advertencia: "Razonarás con tu prójimo, para que no participes de su pecado" (Levítico 19:17). Somos responsables de las acciones de otros; y este pasaje expresa bien claro que si rehusamos reprender, compartimos la culpa, así como asociados a la mala conducta del otro, nos complicamos personalmente si no actuamos.

Es por esta verdad que soy muy cuidadoso cuando tengo que enviar a alguien con un consejero. Pues por ser yo muy cándido en el pasado, me he quemado muchas veces al enviar gente a consejeros que han sido unos abusadores. Varias veces he tenido que hablar con consejeros a causa de su conducta reprochable o consejo que no es bíblico. Tanto como importa a la Sagrada Escritura, no tenemos chance de escoger en cuanto a confrontación. Hable ahora, o comparta la culpa.

Confrontando la posibilidad de reconciliar la relación. La buena confrontación despierta la esperanza de cambio y restauración cuando el amor y la amistad han sido destruidos —o a lo menos puestos en punto muerto—. Usted ha perdonado a la persona, pero la amistad de antes ya no existe. La ruptura ha causado un vacío que estorba su recuperación emocional. Es necesario entonces que haya una amorosa confrontación para que la reconciliación tenga lugar. Pues hay situaciones en que si la persona no cambia, la reconciliación es virtualmente imposible. Vamos a tratar más detalladamente la reconciliación en el capítulo 14.

Razones que el amor no debe confrontar

El verdadero amor siempre desea confrontar a la persona que ofende o hizo algún mal, sobre todo si es pariente cercano. Pero el verdadero amor también es prudente y sabe esperar.

El caso más obvio es cuando el problema en cuestión no nos incumbe a nosotros. Como dice Proverbios 26:17: "Como quien agarra al perro por las orejas es el que se mete en pleito ajeno". Nunca he agarrado a un perro por las orejas, pero creo que este versículo se entiende bien.

A menudo parece noble y virtuoso meterse uno en los problemas de alguien. Pero, a menos que usted tenga autoridad específica para hacerlo, la Palabra de Dios le dice que hacerlo es insensato. No caiga en esa trampa.

No se meta en problemas si usted no está seguro de quien tiene la razón en el asunto. Proverbios 18:13 dice:

> *Al que responde palabra antes de oír, le es*
> *fatuidad y oprobio.*

No reprenda usted a nadie si no está bien seguro de que ése hizo mal y la razón es del otro. Muchas amistades han sido destruidas por ofensas que nunca ocurrieron. Sea que fue un malentendido entre dos personas, o que una tercera intervino con chismes para estropear todo.

Recuerdo haber leído de un hombre que llegó tarde a su casa una noche, y le pareció ver un ladrón escondido en la oscuridad de su apartamento. Sólo después de haber golpeado sin misericordia al intruso, se dio cuenta de que ese apartamento no era el suyo. Así que la próxima vez que se enrede usted en algo mal hecho, asegúrese bien de la verdad.

No haga ninguna confrontación si parece más sabio y generoso pasar por alto la ofensa. No importa cuán ofensiva o hiriente le parezca la acción de una persona, usted hallará que ciertas ofensas más vale pasarlas por alto. Muchas veces no responder nada es la mejor de las respuestas, y la más amorosa. ¡Mejor ignore la ofensa!

Así se lee en Proverbios 10:12:

> *El odio despierta rencillas; pero el amor cubri-*
> *rá todas las faltas.*

El apóstol Pedro hace eco a esas palabras de Salomón:

> *Sobre todas las cosas, ámense unos a otros,*
> *porque el amor cubrirá multitud de pecados.*

> 1 Pedro 4:8

Usted tiene perfecto derecho de perdonar y luego echar al olvido toda ofensa que le hayan hecho. Con mucha frecuencia es el mejor curso de acción.

> *El que comienza la discordia es como quien suelta las aguas. Deja, pues, la contienda, antes que enrede.*

> Proverbios 17:14

Veamos las cosas claramente: reprender a un amigo muchas veces, sólo sirve para acabar con la amistad. Muchas confrontaciones degeneran prontamente en pleito. Si es posible, pase por alto los pecados de otros contra usted, especialmente pecados de la lengua (vea Eclesiastés 7:21-22).

Aunque sus propios derechos hayan sido violados, no haga fuerza para defenderlos, sepa poner a un lado sus derechos para el beneficio de otros. La Biblia afirma esto repetidas veces, pero nunca en forma tal como en Filipenses 2:3-8, donde se nos conmina a imitar a Cristo en su acción de renunciar a sus derechos para poder salvar a todos los pecadores.

Hacer a un lado sus derechos para el beneficio de un inconverso es una acción que el Señor recompensa. Jesús explica en el Sermón del Monte, cómo tal conducta exhibe el amor de Dios y su misericordia para el mundo.

> *Pero yo os digo: no resistáis al que es malo; antes, a cualquiera que te hiera en la mejilla derecha, vuélvele también la otra; y al que quiera ponerte a pleito y quitarte la túnica, déjale también la capa ... Pero yo os digo, amad a vuestros enemigos, bendecid a los que os maldicen, haced bien a los que os aborrecen, y orad por los que os ultrajan y persiguen.*

> Mateo 5:39-41,44-45

Hace algunos años, uno de mis vecinos se puso en contra mía y de mi familia. Se quejaba de que nuestros chicos hacían mucho ruido al jugar en el patio. Se quejaba de que pusiéramos nuestro bote al lado de su propiedad, y me decía que las ratas invadirían su casa. Una vez puso un caño de desagüe de lluvia de modo que el agua cayera en nuestro patio. Esta situación embarazosa nos hacía sufrir; pero no decíamos una palabra, esperando la oportunidad para hablarle de Cristo.

Cuando sus hijas fueron más grandecitas, la esposa de él nos pidió que ellas pudieran asistir a los grupos de niños y adolescentes de nuestra iglesia, aunque pertenecían a otra fe. Eso nunca hubiera ocurrido si nosotros hubiéramos devuelto mal por mal, antipatía por antipatía, acoso por acoso. Valía la pena haber aguantado todo para luego poder compartir a Cristo con esa familia. Nos demostró que muchas veces vale la pena hacer a un lado los derechos.

No haga ninguna confrontación cuyas consecuencuencias puedan resultar peores que la ofensa.

> *El ofendido es más tenaz que una ciudad fuerte;*
> *y las contiendas de los hermanos son como cerrojos de alcázar.*

Proverbios 18:19

Hay dos maneras de aprender esta verdad. Una es leyéndola en la Escritura, y la otra por experiencia personal. Le recomiendo la primera.

Cuando se trata del hogar, particularmente, mantener el compañerismo y la armonía es de mucho más valor que casi cualquier otra cosa. Antes de confrontar a su cónyuge, madre, padre, hermana o hermano, sobre cualquier asunto que sacaría chispas, pregúntese a sí mismo: "¿Vale la pena discutir sobre este asunto cuando existe el riesgo de dividir a la familia?" A veces las familias se dividen (ver Mateo 10:34-39), pero no es necesario andar uno buscando la división.

¿Pone Dios realmente mucho énfasis en mantener la paz del hogar? Deseo contestar esa pregunta citando otro principio que

es más sabio aprenderlo de la Biblia que de la experiencia
personal:

> *Mejor es un bocado seco y en paz, que casa de*
> *contiendas llena de provisiones.*

Proverbios 17:1

Así que cuando a usted le entren ganas de provocar un
pleito en su familia, sin haber una causa real, primero trate de
vivir con sólo pan seco por varios días.

Naturalmente, habrá momentos inevitables cuando una
confrontación familiar se hará necesaria. Pero en todo caso
hay que buscar siempre la guía del Espíritu Santo.

Para mí no hay nada mejor que el Espíritu Santo para
guiarnos en eso de discernir cuándo una confrontación y
cuándo una indulgencia es lo efectivo para comunicar el
carácter de Dios a otras personas. "Bendecid a los que os
persiguen; bendecid y no maldigáis", nos dice el Señor. Y
También Pedro escribió:

> *No devolviendo mal por mal ni maldición por*
> *maldición, sino bendecid, porque para esto*
> *fuisteis llamados, a bendición.*

1 Pedro 3:9; ver también 1 Pedro 2:19-23

Debemos pasar mucho tiempo en oración, y leyendo la
Palabra de Dios para saber si debemos o no debemos hacer
una confrontación familiar.

Usted sabe ahora que hay situaciones en las cuales el amor
nos lleva, más allá del perdón, a confrontar al ofensor respecto de su mal hacer. Una vez que usted reconozca una situación
que debe ser arreglada, usted necesita saber cómo confrontar
al otro con amor.

13

Cómo el amor hace una confrontación

C uando el Espíritu Santo nos dirija para que hagamos *alguna confrontación, debemos considerar varias co-sas.* Primeramente tenemos que pensar en cuanto al momento de obrar. ¿Cuándo debe arreglarse ese asunto?" Antes que usted dé el primer paso, piense bien si es el momento oportuno. Tenga en cuenta que lo que usted anda buscando es la honra del Señor, y nada más. Y después es importante pensar en qué va a decir, para que el enfrentamiento sea provechoso.

En la epístola de Pablo a los Gálatas, capítulo 6, verso 1, tenemos una buena clave:

> *Hermanos, si alguno de vosotros fuere sorpren-dido en alguna falta, vosotros, que sois espiri-tuales, restauradle con espíritu de mansedum-bre, considerándote a ti mismo, no sea que tú también seas tentado.*

Esas palabras se aplican primeramente a problemas entre cristianos; pero son de gran valor al considerar cualquier ofensa que merece un reproche.

¿Cuándo está usted
listo para enfrentar?

¿Está bien su corazón? Gálatas 6:1 dice: "vosotros que sois espirituales" a los capacitados para confrontar y reprender al hermano que ha caído. Usted tiene que estar bajo el control del Espíritu Santo antes de estar listo para ayudar y restaurar al hermano. Esto no quiere decir que usted debe esperar a ser un gigante espiritual. Pero significa que usted no está listo para hacer esta grande tarea de reconciliación hasta que usted se encuentre lleno del amor del Señor, hasta que usted conozca bien la Palabra y hasta que usted desee vivir para Él. Si usted no está espiritualmente preparado, entonces el enfrentamiento con el otro no será espiritual. Si encara el asunto sólo con su propia voluntad o criterio, la cosa puede salir mal, muy mal.

Por lo tanto, examínese usted mismo primero. Si su matrimonio anda mal y usted está falto de espiritualidad, no tiene derecho de confrontar a nadie. Si hace no más la confrontación con mal espíritu, "en la carne", va a proceder ásperamente y la rotura se va a hacer peor. Usted va a lastimar a otra persona con sus propias frustraciones, y ella va a tomar eso como un ataque personal más que como un amable intento de reconciliación.

¿Está usted listo a pedir perdón? En casi todas las situaciones conflictivas, algo anda mal en cada una de las partes. Una de las mejores maneras de prepararse para un enfrentamiento es pedir perdón al Señor por nuestros propios pecados. Entonces vamos a la entrevista con un espíritu más humilde. Cuando usted confronta a la persona con un espíritu humilde y conciliador, su corazón se suaviza. Y cuando usted empieza pidiendo perdón al otro —aunque no más sea por palabras ásperas pronunciadas— lo deja desarmado. Y usted, al darle ejemplo, lo ayuda a resolver sus problemas.

Una noche estaba yo cenando con Gary, un distinguido doctor. Él me compartió una experiencia traumática de su infancia. Ese competente y distinguido profesional, hombre de éxito, demostró un espíritu muy humilde cuando me contó la pena de sus años de adolescente. La madre de Gary, que estaba divorciada, y el padrastro, decidieron que Gary no viviera más con ellos, sino que se fuera a vivir con su padre. Décadas más tarde todavía se notaba en el tono de voz de Gary el dolor que le produjo haber sido rechazado por su madre.

Mientras hablábamos, sentí que Gary tenía deseos de reconciliarse con su madre. Cuando le sugerí que le escribiera a ella pidiéndole perdón por cualquier cosa mala que él hubiera hecho cuando estaba a su cuidado, quedó con la boca abierta. Aún antes que yo hubiera dicho una palabra, el Espíritu Santo había puesto en el corazón de Gary el mismo sentimiento.

Cuando usted pide perdón por su propia falla, ayuda a la otra persona a reconocer la falla suya. Si usted no está dispuesto a reconocer su pecado, no tiene derecho a exigirle al otro que reconozca los suyos (vea Mateo 7:3-4).

¿Se interesa realmente usted por el ofensor? Usted no puede hablar la verdad en amor a menos que realmente se interese por el ofensor. Tal sentimiento sólo llega cuando invertimos tiempo en oración delante del Señor, pidiéndole que nos dé un corazón tierno hacía el ofensor. Pídale a Dios que le indique el momento correcto y abra la puerta de su corazón para poder confrontar al ofensor de una forma amorosa.

Quizás la intensidad de su interés por la persona, al sólo pensar en confrontarla, traerá probablemente un sabor amargo para usted. Puede ser que usted esté tan emocionalmente involucrado con la persona, que el hecho de confrontarla haga que su estómago se resienta. Porque usted se interesa, usted está dispuesto a someterse a una situación que preferiría evitar. Si el pensamiento de confrontar a la otra persona le parece agradable, asegúrese de examinar sus motivos. Si el verdadero amor existe, usted encontrará que el confrontamiento será un hecho dificultoso de llevar a cabo.

¿Siente usted la pena que sufre su ofensor? En un capítulo anterior hablamos de la pena oculta de la persona que ofende. Sea consciente de esto cuando confronte a otro y responda. El dolor en la vida del ofensor puede estar cegando sus ojos, haciéndole perder objetividad cuando es enfrentado, y puede ofenderle a usted aun más. No se sorprenda usted si la persona, bajo fuerte emoción, suelta un torrente de palabras ofensivas.

¿Qué tipo de confrontación o enfrentamiento es el apropiado?

Cuando usted piensa en enfrentamiento, piensa enseguida en: confrontación cara a cara. Obviamente, un encuentro personal es la forma más íntima de comunicación. El contacto personal le permite escrutar el rostro de la otra persona y ver cómo le están cayendo sus palabras, si las está aceptando o no, y qué está comunicando él por medio del lenguaje del cuerpo (gestos, siseos, visajes, etc)

La distancia hace una confrontación personal imposible, y hay otras instancias que tampoco la hacen práctica. Hay momentos cuando la entrevista promete ser muy emocional, o físicamente difícil, y aun peligrosa. Conozco casos de mujeres que a toda costa quisieron enfrentar personalmente al marido o amante, y todo lo que sacaron fue una fenomenal paliza. Si hay perspectivas de tal cosa, un llamado telefónico o una carta es mucho mejor.

Cuando el rey Saúl intentaba matar a David, no había teléfonos. Por eso David, cuando enfrentaba a Saúl, se ponía lejos del alcance de su lanza, y le gritaba su mensaje (1 Samuel 26:13-24). Una reunión en un lugar público provee alguna protección contra excesos verbales y físicos.

Una persona puede sentir deseos profundos e intensos de arreglar la situación, pero es incapaz de controlar sus emociones; y por tanto, así no es conveniente un encuentro físico, y no ayudaría a solución.

Una carta personal es más efectiva. Usted puede manejar la situación mejor, y se evita problemas. Escribir algo le trae un sentido de haber hecho lo correcto. "Eso es todo lo que tenía que decirte. He hecho lo que Dios quería que yo hiciese".

Pero sólo después que usted ha hecho varias notas y apuntes, está listo para escribir la carta. Y una vez que la haya escrito asegúrese que comunica su amor y preocupación por la persona, al mismo tiempo que le pide perdón por cualquier cosa mala que usted haya hecho.

Nunca escriba y mande una carta a la carrera. Medítela. Duerma sobre ella. Asegúrese que dice lo que usted quiere decir, reflejando un espíritu amoroso y perdonador, y hablando la verdad. El escribir le fuerza a usted a examinar sus pensamientos. Cuando usted ve sus palabras escritas en el papel, ellas parecen saltar hacia usted. Y usted puede comprender y razonar: "Puede ser que yo esté acusando. Puede que yo tenga tanta falta como él". Aun puede decidir que una confrontación no es necesaria. Escribir le ayuda a usted a poner una distancia saludable entre sus palabras y sus emociones. Puede evitar un estallido desagradable.

Una carta puede permitir también un acuerdo razonable sobre el momento y lugar de la confrontación. Una vez que usted escribió su carta, también tiene tiempo para mandarla por correo, o entregarla personalmente, diciendo algo como esto: "Me gustaría que leyeras esta carta cuando tengas oportunidad. Estoy orando acerca de lo que te digo en ella". El destinatario tiene tiempo entonces de esperar a leer la carta, hasta que esté emocionalmente tranquilo, y ojalá, hasta después de haber orado y estar listo para reconsiderar sus palabras. El Espíritu Santo puede hacer que lea esa carta varias veces, hasta que el amoroso mensaje de usted toque su corazón.

Muchas veces, a lo largo de los años, yo he escrito una carta a alguien que me hirió profundamente, para hallar que, después de haberla releído, me he sentido mejor acerca del asunto. Poner mis pensamientos en papel me ayuda a clarear el aire. Me he dado cuenta de que yo también estuve mal, y eso me ayudó a pedirle perdón a Dios. Y a menudo, también la voz quieta y suave de mi Padre celestial me ha dicho que no debo enviar esa carta. "Deja todo el asunto en mis manos", me ha dicho Él.

En la segunda carta a los Corintios, el apóstol Pablo nos da un ejemplo de confrontación por carta. Pablo hacía planes de visitar la iglesia cuando recibió noticias de serios desórdenes que había entre ellos, y que merecían corrección. Pero como él había tenido antes serios encontronazos con los corintios, Pablo no deseaba por ahora una confrontación personal.

> *Por ser indulgente con vosotros no he pasado todavía a Corinto ... Esto pues determiné para conmigo, no ir otra vez a vosotros con tristeza.*

> 2 Corintios 1:23; 2:1

Pablo, entonces, les mandó una carta de fuertes palabras que resolvió el problema. El mensaje escrito de Pablo fue penoso para los corintios:

> *Porque aunque os contristé con la carta, no me pesa, aunque entonces lo lamenté; porque veo que aquella carta, aunque por algún tiempo os contristó, ahora me gozo, no porque hayáis sido contristados, sino porque fuisteis contristados para arrepentimiento.*

> 2 Corintios 7:8,9

Escribir una buena carta para hacer una confrontación debe ser un ejemplo de sentido común y enseñanza bíblica. Pero si usted decide que una confrontación personal es mejor, trate de llevar a esa entrevista algunas ventajas de una buena carta. Piense cuidadosamente lo que va a decir —y replicar—, qué respuesta desea recibir y como va a contestar. Y sobre todo, ¡ore, ore, ore!

¿Cómo habla usted
la verdad en amor?

Cuando usted confronta a alguien cara a cara, o por carta, hay varios escogimientos cruciales que usted debería hacer para que la carta o entrevista sea de reconciliación y no de resentimiento. Planeando una entrevista amorosa, tal como Dios la quiere, usted puede evitar o minimizar el daño a su relación con el otro, y todavía hacer fácil para él el arrepentimiento y abandono del pecado.

Comience con una sincera afirmación de su amor. Lo mismo que un brazo o pierna fracturados, una relación rota causa mucho dolor. La persona que usted va a confrontar puede estar muy herida por dentro. Así que inicie su carta o entrevista comunicando su amor sinceramente. Permítame poner énfasis en la palabra sincero. No haga un fraude piadoso confesando un amor que no existe, ni un deseo de humillar y abollar al otro. Diga que usted tiene preocupación por él, que comprende sus sentimientos, y que se da cuenta de lo que sufre. Entonces permita que un amor sincero por el ofensor sea la nota tónica de la carta o entrevista.

Ya hemos mencionado que es importante pedir perdón por la cosas malas que usted pudo haberle hecho al otro. No importa cuán mal se haya portado el otro, pida perdón por lo que usted pueda haber hecho y que provocó en el otro la acción ofensiva contra usted. Esto no lo declara inocente, pero evita que usted tome el puesto de fiscal acusador.

Concéntrese en lo positivo. Cuando confronte a la persona que lo ofendió, acentúe los elementos positivos de la relación entre ambos. Mencione las buenas cosas que todavía pueden haber. Comparta los buenos recuerdos que ambos tienen. Mencione las cosas buenas, las virtudes de la otra persona. Ella no es tan mala, a pesar de cuanto la haya herido a usted. Por cada palabra de crítica que usted quiere decir, diga diez de alabanza. Si no puede, mejor no haga ningún intento de entrevista. Podría hacer más mal que bien.

Comuníquese clara y honestamente. Cuando hable la verdad en amor y mencione la ofensa, sea específico, claro y franco, pero gentil. Describa la situación tal cual usted la ve. No espere que la otra persona sea un lector de la mente. Diga algo como esto: "Te amo. Pero tú dañaste a nuestros hijos, y los alejaste de nosotros cuando los regañabas constantemente. Siempre estuviste pronto a criticarlos, pero no a enseñarlos. Nunca pasaste buen tiempo con ellos. Siempre estabas cansado como para estar con ellos. Tú vas a perder el amor de tus hijos, y vas a dañar nuestra familia, si no me ayudas a cultivar una buena vida familiar con ellos".

No mencione el dolor que usted ha sufrido. Eso pondría la mira en usted, y no en la necesidad del ofensor de arrepentirse y cambiar.

Escuche lo que el ofensor tiene para decir. Siempre que confronte a una persona que ha ofendido, esté lista para escuchar. Así nos advierte el libro de Santiago:

> *Por esto, mis amados hermanos, todo hombre*
> *sea pronto para oír, tardo para hablar, tardo*
> *para airarse.*

Santiago 1:19

Además, cuando escuche, esté listo también para cambiar su concepto de la ofensa. Aun cuando usted diga claramente todo lo que sabe, puede ser que haya un detalle que usted ignore, y que podría cambiar también el sentido de la ofensa. No es necesario que usted acepte todo lo que la otra persona diga, pero debe tener siempre un espíritu conciliador, porque de otra manera no está listo para hacer la entrevista.

Anime a la otra persona a crecer moralmente y cambiar. Señale amorosamente las actitudes y acciones que podrían reemplazar al pecado. Repetidas veces el Nuevo Testamento enseña este principio. Por ejemplo, Efesios 4:28,29,31,32 dice:

> *El que hurtaba, no hurte más, sino trabaje,*
> *haciendo con sus manos lo que es bueno, para*

> *que tenga qué compartir con el que padece*
> *necesidad. Ninguna palabra corrompida salga*
> *de vuestra boca ... quítense de vosotros toda*
> *amargura, enojo, ira, gritería y maledicencia,*
> *y toda malicia. Antess sed benignos unos con*
> *otros, misericordiosos, perdonándoos unos a*
> *otros, como Dios también os perdonó a voso-*
> *tros en Cristo.*

En las relaciones matrimoniales es posible lograr mejor el crecimiento haciendo preguntas que haciendo regaños y demandado cambio. Por ejemplo, usted puede decir algo como esto: "Querido, eso que dijiste sobre mi peso, la otra noche, delante de los amigos, me lastimó. Yo cuido muy bien de no decir algo de ti delante de la gente. ¿Me ayudarías tú a lograr esto? ¿Hablarás siempre bien de mí delante de otros?"

Dedíquese usted mismo al cambio. Cuando seguimos la voluntad de Dios en todas nuestras relaciones con la gente, evitamos muchos conflictos. Acepte lo que Dios dice para tener armonía en todas sus relaciones, (Proverbios 16:7). Si usted, y la persona que usted confronta, van a disfrutar de una plena reconciliación, ambos tendrán que aceptar los mandamientos bíblicos. Cuando discuta con la otra persona, quizá usted oiga de cosas erróneas en usted mismo, cosas que debe cambiar. Hay un buen dicho español que expresa: "El que dice lo que quiere, oye lo que no quiere". Y usted, antes que reaccionar a esas acusaciones con inseguridad y a la defensiva, acéptelas noblemente. Llévelas a Dios en oración. Busque Su consejo en la Biblia. Y conságrese al cambio con la mejor buena voluntad.

Termine con un ruego a la paciencia. No hay necesidad de demandar o esperar una respuesta inmediata después de la confrontación. El Espíritu Santo ya ha estado trabajando en su corazón; ahora déle tiempo para que trabaje en la otra persona. Sólo el Espíritu conoce cuanto ha avanzado el otro en el camino del arrepentimiento y la reconciliación. Y cuando se arrepiente, queda en las manos de Dios, no en las suyas. Usted desea un profundo cambio de corazón, deje que Dios establezca el tiempo.

No se sorprenda si la primera reacción del otro es hostil. Mi esposa me ha enfrentado un sinnúmero de veces. Me hacía falta, pero no puedo decir que siempre me haya gustado. A veces he recibido mal su consejo. Pero el tiempo hace una gran diferencia. Oigo el reproche, el Espíritu trabaja sobre él a través del tiempo, y yo cambié. Permítale a Dios hacer lo mismo en el corazón de la persona que usted confronta.

El resultado de la confrontación

Me gustaría ofrecer una garantía de la devolución de su dinero a todos los que reciben estos principios de confrontación: "Si usted sigue estos mandamientos bíblicos, la persona que le hizo mal se arrepentirá, abandonará por completo su conducta pecaminosa, y la relación será completamente restaurada. Si eso no ocurre, yo le devolvería su dinero. Pero esto es impracticable. Hay personas que se van a la tumba insistiendo en que estaban justificados al mentir, engañar, pegar por la espalda, insultar y hacer cualquier otro maltrato a las personas que estaban a su alrededor. Otras personas añaden otro pecado a los muchos que hicieron, negando completamente que alguna vez hicieran mal. Si su reproche es aceptado, dé gloria a Dios, porque el ablandamiento de un corazón duro es uno de los grandes triunfos de Dios. ¡Vaya a su entrevista, o escriba su carta, confiando en que Dios es un Dios de milagros!

Si su reprimenda toca un corazón ya blando por el Espíritu Santo, usted puede esperar que haya lágrimas. No se turbe por eso. Sentimientos poderosos de remordimiento y pena son herramientas de Dios para producir el cambio. Cuando la Biblia describe el genuino arrepentimiento, lo menciona como emociones muy profundas:

*Acercaos a Dios, y Él se acercará a vosotros.
Pecadores, limpiad las manos; y vosotros los de
doble ánimo, purificad vuestros corazones.
Afligios, y lamentad, y llorad. Vuestra risa se
convierta en lloro y vuestro gozo en tristeza.*

Santiago 4:8,9

El apóstol Pablo se regocijó cuando supo de la pena y
contrición que su carta había producido en Corinto, no porque
él fuera un sadista, sino porque esas lágrimas eran el sello de
un genuino arrepentimiento:

*Ahora me gozo, no porque hayáis sido contris-
tados, sino porque fuisteis contristados para
arrepentimiento ...Porque he aquí, esto mismo
de que hayáis sido contristados según Dios
¡qué solicitud produjo en vosotros, qué defensa,
qué indignación, qué temor, qué ardiente afecto, qué celo y qué vindicación! En todo os
habéis mostrado limpios en el asunto.*

2 Corintios 7:9,11

¿Qué si el ofensor rehúsa cambiar después de la confrontación? Aún cuando el que hizo el mal rehúsa la responsabilidad por sus acciones, siempre hay oportunidad de reconciliarse. Su relación con él estará basada en la decisión personal
de perdonarlo incondicionalmente, y cualquier cambio —
aunque limitado—, de conducta, puede ser logrado.

En algunas situaciones, el ofensor puede decir: ¡Cambiaré! ¡Cambiaré! ¡Te lo aseguro!". Pero hay ciertas costumbres adictivas muy difíciles de eliminar. El adicto al
alcohol o a las drogas se arrepiente un día, pero al siguiente
día vuelve a caer.

Mucha gente es liberada inmediatamente de una adicción.
Pero otras personas, que han sido muy adictas, requieren un
tiempo largo y mucha asistencia y cuidado para lograr un
cambio definitivo. El deseo biológico de la droga o el tabaco

puede ser tan fuerte, que requiera asistencia profesional. De la misma manera, personas sumamente glotonas, o muy sensuales, practicantes del homosexualismo u otros pecados sexuales, o con afición a la pornografía, o a la violencia, o a actividades relacionadas con el ocultismo, necesitan mucha atención y consejo muy profesional si es que se quieren mantener en la buena línea para siempre.

Si usted está tratando con alguien que es sumamente abusador de sí mismo, o de usted, o de otros, es esencial que usted busque la ayuda de un buen amigo del ofensor. Si acude a un consejero profesional, asegúrese de que éste sea un buen cristiano, alguien dispuesto a ponerlo a usted en contacto con los mandamientos de Dios, y no solamente dedicado a ponerlo en contacto con sus sentimientos.

Si usted escoge la intervención de la familia entera para tratar alguna ofensa seria, busque a un consejero cristiano de vasta experiencia, o a un pastor. En situaciones serias, muy emocionales, es conveniente proteger nuestro corazón. Usted se dará cuenta de que pudiera también estar propenso a alimentar un espíritu no perdonador. Su acción podría abrir la puerta del corazón de su ser querido, pero sólo el Espíritu Santo puede efectuar realmente el cambio. Si la otra persona no está decidida a cambiar o crecer, no piense que usted puede forzar el mejoramiento. Deje que Dios se haga cargo del problema. Póngalo en las manos de Dios.

Justamente eso es hablar la verdad en amor. Debe existir la verdad, y el amor debe ser la regla. Para ver un buen resultado, es esencial depender del Señor. No se sorprenda si siente que Dios lo está llamando para ser un agente de cambio "hablando la verdad en amor". Confíe en que el Señor lo ayudará a tratar con el problema. Usted puede ser instrumento de Dios para ayudar al cambio de la vida de otra persona.

Dios puede cambiar cualquier relación para lo bueno. Con Su ayuda, la reconciliación se hace realidad. En el capítulo que sigue discutiremos cómo.

14

Las realidades
de la reconciliación

Una joven muy afligida me dijo una vez: *"No puedo perdonar a Greg.* El solo pensamiento de volver a él y tratar de salvar nuestro compromiso, ya me deja físicamente enferma. Sé que seré herida de nuevo. A él nada le importa, por eso yo puedo seguir adelante con mi vida".

Sally estaba haciendo lo que hace mucha gente ofendida. Hacía de la reconciliación un requerimiento para el perdón. Estaba vacilando en su decisión de perdonar a su novio porque no veía ninguna esperanza de que el noviazgo fuese restaurado. En su mente, si no había reconciliación, tampoco había perdón.

La respuesta de Sally es común, y trae a la superficie varias cuestiones importantes para la gente que está aprendiendo a amar después de perdonar a alguien que los ha ofendido.

Una vez que usted ha perdonado a una persona, ¿busca siempre la reconciliación?

- El perdón es algo que manda Dios, ¿pero qué acerca de la reconciliación?

- Cuando usted perdona a su mejor amigo por haber chismeado acerca de usted, ¿le abre de nuevo su corazón en confidencia?
- Si usted perdona a su socio por haber malversado fondos de la sociedad, ¿vuelve a realizar negocios con él?

Usted ha perdonado a su ex cónyuge, ¿pero está dispuesto a recomenzar el matrimonio de nuevo?

El perdón abre el camino para la reconciliación, pero no son la misma cosa.

El perdón es una cirugía radical; la reconciliación es la convalecencia después de la operación. Perdonar es cancelar la deuda, la reconciliación algo que pone juntas a dos personas que no se deben nada. Perdonar es la decisión de dejar libre; reconciliación es un esfuerzo para unir de nuevo.

Nuestra actitud hacia la reconciliación puede revelar nuestra sinceridad en perdonar. Si pronunciamos un absoluto "no" a la posibilidad de reasumir la relación, albergamos resentimientos que el Espíritu Santo desea quitar. Cuando perdonamos a otra persona confiamos esa relación a Dios. Debemos también considerar Sus planes para el futuro de esa relación.

Hay situaciones en que el perdón es seguido por un firme progreso hacia la reconciliación. En otros casos podemos perdonar realmente; pero la reconciliación, por alguna razón, será imposible, o indeseable. Para entender claramente la relación que hay entre perdón y reconciliación, debemos entender claramente qué es reconciliación.

¿Qué es reconciliación?

Aquí tenemos una definición básica de reconciliación. Como usted puede ver, la reconciliación tiene mucho que ver con nuestra capacidad de amar otra vez:

> La reconciliación es la búsqueda de la paz, permitiendo la restauración de una relación conforme a la voluntad de Dios.

Si usted desea amar otra vez en una relación cuyo dolor ya ha cicatrizado, entonces usted es un pacificador. La reconciliación empieza estableciendo una tregua que da tiempo para sanar y restablecer una relación. ¿Qué nivel de intimidad puede usted obtener? Eso es algo que sólo Dios puede determinar.

En la Biblia "reconciliar" significa poner de acuerdo otra vez. Tal palabra se usa típicamente para describir relaciones cuando obviamente la hostilidad ha sido reemplazada por paz o amistad. Mucho del uso bíblico se aplica a nuestra relación con Dios. A causa del pecado somos enemigos de Dios La obra de Jesús en la cruz provee el perdón para nuestros pecados; y no solamente eso, sino que también nos ha reconciliado con Dios (Romanos 5:9-11). Cuando ponemos nuestra fe en Cristo, cesamos de ser enemigos y pasamos a ser Sus amados hijos.

Tres pasajes, a lo menos, se refieren a la reconciliación entre personas. Jesús dijo que si alguno trae su ofrenda al altar, y allí recuerda que está en enemistad con su hermano, debe dejar la ofrenda allí en el altar, ir a donde está su hermano, reconciliarse con él, y entonces venir y ofrecer su presente (Mateo 5:23,24). Cuando una ofensa mantiene a dos personas separadas, ambas deberían clarear el aire y vivir en armonía, porque una pacífica y amorosa relación honra a Dios.

Ray y Diane eran una deliciosa pareja con un corazón dispuesto a servir y un amor real por la gente. Los dos quedaron profundamente heridos cuando otra pareja de la iglesia comenzó a rehuirles. Ray y Diane no podían explicarse qué problema podía haber causado tal distanciamiento entre ellos. Esta situación duró casi un año, hasta que Ray y Diane preguntaron a sus amigos si algo andaba mal. Quedaron asombrados al enterarse de que la otra pareja había malinterpretado tremendamente una conversación que habían tenido los cuatro en una comida de la iglesia.

Como Ray y Diane siguieron la instrucción bíblica de reconciliar una relación echada a perder, fueron capaces de clarificar el aire y reasumir la amistad. Lo único que ahora lamentan es no haberlo hecho mucho antes.

La reconciliación debe hacerse también cuando nos quieren llevar a los tribunales. Jesús dijo:

> *Cuando vayas al magistrado con tu adversario, procura en el camino arreglarte con él, no sea que te arrastre al juez, y el juez te entregue al alguacil, y el alguacil te meta en la cárcel.*

> Lucas 12:58

Esa es una situación donde ha habido una seria transgresión. Usted puede, o no puede, estar en falta; el pasaje no lo dice. De todos modos, usted debería hacer todo lo que esté de su parte para reducir la tensión y hostilidad.

Un tercer pasaje se refiere a la reconciliación en el matrimonio. Un hombre o mujer, que se separa de su cónyuge, tiene dos opciones para escoger: permanecer soltero, o reconciliarse con el cónyuge (1 Corintios 7:10,11). El pacto del matrimonio demanda que la relación cambie para lo mejor, no importa cuán malo haya sido en un tiempo. En el próximo capítulo explicaremos lo que es la reconciliación en el matrimonio.

Paz sin restauración

Hay ocasiones en que alcanzamos un "tratado de paz" con un ofensor, pero no tenemos interés en restablecer la relación original. Cuando usted considere estas excepciones a reconciliar una relación, tenga cuidado de no usarlas como excusas para evitar del todo a la otra persona.

No restaure una relación que es pecaminosa. Me entrevisté con Tony, un maniático musculoso, después que destrozó la puerta del apartamento donde vivía con Kelly, su amiga. Mientras hablábamos él me explicó por qué se había enojado tanto. Él deseaba terminar su relación con Kelly.

Pero cuando se lo dijo, ella se puso frenética. Cuando habían empezado a andar juntos, Tony le había hecho muchas promesas a Kelly. Y ella había consentido entregándose a él. Ahora Tony deseaba empacar sus maletas e irse. Pero Kelly no estaba dispuesta a dejarlo ir. Tony se sintió atrapado, y explotó.

Finalmente, yo me reuní con los dos y les expliqué de qué modo Dios veía la relación entre ambos. Los animé a buscar el perdón de Dios, y luego a perdonarse el uno al otro. Y ellos lo hicieron así. Pero empezaron a conversar sobre reanudar sus relaciones como antes. ¿Deberían vivir de nuevo en concubinato? De ninguna manera. Y es que no podemos reanudar una relación que está abiertamente en contra de la voluntad de Dios (1 Corintios 7:1,2; 1 Tesalonicenses 4:3-8). En casos como el de Tony y Kelly lo mejor es cortar la relación definitivamente.

No hay que restaurar una relación que ha sido marcada por extremo abuso físico o emocional. Dios no espera que usted reasuma inmediatamente una relación que puede dañarle. Una mujer que ha sufrido golpes de su marido, debe reunirse de nuevo con él, muy cautelosamente y con la ayuda de otra persona. Y debe tener mucho cuidado antes de hacerlo.

Una vez durante una conferencia para matrimonios, una mujer vino a mí llorando. Me dijo que había tenido un momento terrible reconciliándose con su padre, anciano de ochenta y dos años, quien a la sazón era paciente de un centro psiquiátrico. Éste era un hombre bajo y soez. Siempre que su hija iba a verlo, explotaba en una serie de insultos y palabras groseras. Cuanto más me describía ella a su padre, más me convencía de que él estaba poseído de demonios.

Ella quedó un tanto sorprendida cuando le pregunté: ¿Por qué permite usted que él la trate así?"

"¡Él es mi padre!", insistió ella.

La alabé por el amor que le tenía a su padre, pero le sugerí que cada vez que fuera a visitar al anciano se preparara con mucha oración, y que fuera acompañada del esposo. Si el padre continuaba con sus palabras, ella debería entonces escribirle una carta presentándole el evangelio.

Cuando hemos hecho un honesto esfuerzo para restaurar una relación pero la otra persona es medio peligrosa, es tiempo de dejarla (vea Proverbios 23:9).

Una reconciliación completa es imposible cuando el ofensor se muestra todavía hostil. Si la persona que usted ha perdonado no se ha quitado todavía sus guantes de boxeo, es mejor que usted se salga del cuadrilátero. Se necesitan dos personas para una pelea, y también hacen falta dos para hacer las paces. Si usted es la única interesada, la cosa no funciona.

Así escribió Pablo:

> *Si es posible, en cuanto dependa de vosotros, estad en paz con todos los hombres.*
>
> Romanos 12:18

Habrá momentos en los que usted buscará hacer la paz con alguna persona que no lo desea. La voluntad de hacer todo lo posible para restaurar la amistad, descansa en usted; aunque el ofensor continúe con su actitud hostil. Cuando usted haya hecho su parte, descanse en el Señor. Ha hecho lo que le corresponde hacer.

Aun cuando el ofensor no esté interesado en cambiar sus actitudes, usted puede todavía buscar un razonable nivel de paz. Tal fue el caso de Bill. Éste estaba tan disgustado por el lenguaje soez de su padre, especialmente delante de su esposa y los chicos, que finalmente se decidió a confrontarlo. El padre respondió con un torrente de peores insultos y palabras. Bill se dio cuenta de que su padre no estaba dispuesto a cambiar.

Considerando el tipo de ofensa, y buscando de todos modos mantener la relación con su padre, Bill decidió continuar con las visitas familiares. Les habló a los chicos sobre el lenguaje del abuelo, y ellos continuaron viéndolo y aguantándolo tal como era. Bill se dio cuenta de que el Señor cuidaba de sus hijos al mismo tiempo que él expresaba incondicional amor por su padre.

Pero no restaure una relación que lo pondría a usted en riesgo espiritual. Los consejos que nos da la Biblia, balanceada con amonestaciones también bíblicas, son para evitar peligro espiritual. La Palabra de Dios nos dice que:

> *Las malas compañías corrompen las buenas costumbres.*

> 1 Corintios 15:33

Pablo le dijo a Timoteo que evitase a los malos hombres y mujeres que sólo tienen apariencia de piedad (2 Timoteo 3:1-5). Además, entrar en íntima relación con incrédulos está expresamente prohibido por Dios (2 Corintios 6:14).

Si tal reconciliación lo pone a usted y a su familia en riesgo o peligro, no la haga. El caso de Doug viene bien al punto. Doug había trabajado en un bar durante años, y luego se hizo cristiano. Tenía tremendas oportunidades de compartir su fe con los asistentes al bar. Pero demasiada amistad con sus antiguos compañeros de bebida lo ponía en peligro de volver a ser lo que era antes. Y Doug decidió mantenerse a prudente distancia de ellos, para conservar su testimonio cristiano.

¿Cuándo debería usted iniciar la reconciliación?

En muchas relaciones en que nosotros hayamos decidido perdonar y reiniciar la reconciliación, confrontando al ofensor, la vuelta a la amistad es una opción posible. Pero, si cuando se produzca el proceso de reconciliación no es el tiempo oportuno, aquí hay algunos consejos para ayudarle a usted a encontrar el momento oportuno.

Cuando el Espíritu lo dirija. La decisión de intentar la reconciliación debe ser inspirada por Dios y dirigida por el Espíritu. Aunque el perdón es un mandamiento de la Escritura, la reconciliación y restauración de una amistad es algo que debe ser guiado por el Espíritu de Dios.

Siempre debemos estar abiertos a esa posibilidad, no importa cuán grande la ofensa haya sido.

El Espíritu Santo sabe qué es lo que está pasando por nuestros corazones. Él es el autor de la unidad entre los cristianos (Efesios 4:3). Él sabe cuando el corazón del ofensor ha cambiado, y sabe cuando es el tiempo oportuno para pasar de una simple declaración de paz a una mejor y más estrecha relación. Usted permita que el Espíritu Santo lo aconseje a través de la oración y la lectura de la Palabra de Dios, y busque Su tiempo y dirección para restaurar esa relación dañada.

Cuando usted esté emocionalmente seguro. Antes de dar el primer paso hacia la reconciliación, usted asegúrese de que está bien anclado en la Palabra de Dios. Si sus emociones no están fundadas sólidamente en la Palabra de Dios, usted puede ser tentado a revivir pasadas ofensas. Si usted no se ha librado completamente de su antiguo dolor, será vulnerable, no sólo a una nueva ofensa, sino a readquirir un espíritu que no perdona.

Si nota que su corazón se altera y se pone mal en la presencia de la otra persona, mejor vaya despacio. No trate de volver inmediatamente a la antigua forma de intimidad.

Cuando usted está genuinamente interesado en el bienestar de su ofensor. En la confrontación, su corazón debe estar firme antes de iniciar la reconciliación. ¿Está usted realmente interesado en el bienestar de la persona que lo ofendió? ¿Ha sido usted capaz de quitar los ojos de su propio dolor, y ponerlos en el dolor de corazón de la otra persona? ¿Tiene usted un sentido profundo de dinámica espiritual, y del posible acoso demoníaco que ha creado esta difícil situación? ¿Ha llegado al punto en que hasta sufre por la otra persona? ¿Ha orado usted sinceramente, pidiéndole a Dios lo mejor para ella? Estas son las preguntas que usted debe hacerse antes de iniciar el procedimiento.

Cuando usted tiene la actitud correcta. Intentar una reconciliación con una mala disposición, es peligroso. ¿Cuál es la actitud correcta? Usted debe ser humilde y amable. Decida inmediatamente que no será acosador. Cualquier actitud agresiva hará que la otra persona se ponga en guardia y lo califique mal a usted. No intente forzar ninguna intimidad, si no sea paciente y muestre que en usted están los frutos del Espíritu (Gálatas 5:22,23).

Cuando el ofensor toma la iniciativa. "Barry desea reunirse conmigo. ¿Debo hacerlo?" La preocupación de Sandy estaba bien fundada. Barry, el esposo, tenía una larga historia de abuso e infidelidad; y por lo mismo, su pedido despertaba sospechas. ¿Andaba buscando otra oportunidad de lastimarla? ¿No estaría deseando dinero? ¿O era sincero en su pedido?

Sandy necesitaba evaluar su habilidad para manejar aquella situación. ¿Debería ella poner sus pensamientos y emociones bajo el control del Espíritu Santo? ¿Necesitaba que alguien la acompañase para sentirse más firme?

Cuando algún cónyuge o amigo que ha sido el ofensor, da el primer paso hacia la reconciliación, debemos ponernos a orar inmediatamente. No puede uno ser totalmente ingenuo. Cuando pase esa puerta, mantenga firme su corazón, y pídale al Espíritu Santo que lo guíe, proteja y le revele lo que debe usted responder.

Cuando la muerte es inminente. Cuando nos ponemos cara a cara con nuestra propia mortalidad, adquirimos a menudo la perspectiva apropiada. Cuando alguien se halla en su lecho de muerte, se le hacen muy importantes sus relaciones con Dios, la familia y los amigos. Es la última oportunidad de reconciliar una relación, antes de que la muerte lo corte todo.

Cierta vez, luego de yo predicar un mensaje acerca del cielo, un hombre murmuró ciertas palabras acerca de su padre, al cual le quedaban pocos días de vida. Cuando yo miré sus ojos llenos de lágrimas, él me dijo: "Ambos somos cristianos, pero hace tiempo que no andamos bien".

Yo le dije: "Vaya cuanto antes a ver a su padre". Esa reconciliación debió haber ocurrir mucho antes. Pequeñas diferencias no deberían de haberse interpuesto en el camino. Ya era tiempo de que él dijera: "Te amo, papá, y deseo verte pronto".

¿Cómo iniciaría usted la reconciliación?

Quizá podría empezar con una carta. La manera como usted iniciaría el movimiento hacia la reconciliación, es absolutamente esencial. De ella depende el éxito de la misma. No cuesta mucho avivar una llama de odio que todavía puede estar en el corazón de la otra persona. Una palabra áspera, un gesto desafiante, un tono suave pero de rencor, o una mirada dura, todo eso contribuye a resucitar el rencor que yace sepultado. Con todo esto en mente, usted podría iniciar la reconciliación por medio de una carta.

Lo mismo que con la carta de confrontación dada en el capítulo 13, comience usted una carta de reconciliación con una declaración de amor. Haga mención de los buenos elementos que hicieron hermosa la relación anterior. No ponga el dedo sobre ninguna llaga ni haga ninguna acusación. Sí, hay problemas que necesitan ser solucionados. Pero su carta intenta ser un puente. La discusión de ofensas pasadas llegará más tarde. Finalmente haga bien claro, mientras escribe, que lo que usted desea es únicamente restaurar la relación.

En las relativamente raras ocasiones en que mi esposa y yo tuvimos una pelea, Teri me escribía haciéndome saber sus sentimientos, y de qué modo ella había sido herida. Inevitablemente, cuando yo leía la carta, el Espíritu Santo comenzaba a trabajar en mi corazón. Me traía pasajes a mi memoria: "Maridos, amad a vuestras mujeres" (Efesios 5:25). "Maridos...vivid con ellas sabiamente, dando honor a la mujer como a vaso más frágil" (1 Pedro 3:7). Y como yo leía su carta con un corazón abierto, nuestra unidad era bien pronto restaurada.

Prepárese para un encuentro personal. No hay horario bíblico para restaurar una relación. Al parecer pasaron varios años antes de que Pablo y Marcos reiniciaran la amistad (Colosenses 4:10). No sabemos si Evodia y Síntique hicieron las paces alguna vez (Filipenses 4:2). Así que cuando usted avance de un simple cese del fuego a mejor relación, permanezca siempre dependiente del Divino Consejero.

Quizá usted ya ha iniciado el proceso de reconciliación. Ya ha escrito la carta pidiendo perdón por cualquier cosa ofensiva que usted haya hecho, y expresando su deseo de derribar cualquier muralla emocional que haya entre usted y la otra persona. Usted se da cuenta de que un encuentro personal es el próximo paso, pero teme que un buen comienzo pueda ser arruinado una vez que usted vea al ofensor en persona y recuerde sus fallos. ¿Como puede usted mismo mantener su deseo de reconciliación? Aquí hay algunas pautas bíblicas para ayudarle a proceder de la mejor manera en el mejor tiempo.

Busque un acuerdo en las expectativas. ¿Sabe usted lo que yace detrás de la mayoría de los problemas relacionales? Expectativas no explicadas. Cuando un individuo no comunica lo que espera, o tiene expectativas estrafalarias acerca de su compañero o amigo, la tensión se agudiza y el conflicto surge. De hecho, la mayoría de los problemas que surgen en las iglesias se deben a que no se define bien el rol de cada uno, y hay expectativas exageradas o irreales.

Una de las maneras mejores para reconciliar unas relaciones es definir claramente qué espera cada uno del otro. Cuando Abraham y Lot decidieron separarse, hicieron un acuerdo amigable, dividiendo las tierras y las posesiones (Génesis 13:5-11).

La historia de Abraham y Lot tiene un paralelo moderno en una pareja que conozco. Dick y Joan pasaron por un terrible divorcio. Por ese tiempo ninguno de los dos era cristiano. La lucha por todas las posesiones y la tenencia de los hijos parecía interminable.

Entonces sucedió algo increíble. En un viaje en avión de costa a costa de Estados Unidos, Dick llegó a conocer al Señor como su Salvador. Su vida cambió dramáticamente. Poco después Joan conoció también a Cristo en un estudio bíblico de mujeres.

Los dos nuevos creyentes se enamoraron otra vez, y decidieron recasarse. Pero antes de hacer esto entraron en un acuerdo por escrito. Dick acordó trabajar y viajar menos, y Joan prometió ayudar más a Dick en todos sus esfuerzos. Habiendo puesto bien en claro las expectativas de cada uno, llegaron a tener un maravilloso matrimonio.

Cualquier acuerdo de reconciliación que se haga, será una oportunidad mejor para que todo marche bien, siempre que cada uno verbalice sus deseos y promesas de cambio y dedicación.

Considere las circunstancias providenciales. Nuestro soberano Señor dirige todas las relaciones para dar cumplimiento a su voluntad, buena y perfecta (Romanos 8:2). Cuando usted examine las circunstancias que rodean sus relaciones, reconozca que el control está en las manos del Señor. Él puede animarle a renovar una profunda relación como antes, o acomodar las cosas de otro modo si esa reconciliación es imposible. No resista a lo que Dios está tratando de hacer, pero permanezca con una mente abierta a su situación específica para determinar cómo va a responder usted.

Pese los deseos de su corazón. La Biblia dice que si nos deleitamos en el Señor, Él nos dará las peticiones de nuestro corazón (Salmo 37:4,5). Se supone, entonces, que nuestros deseos tienen que estar de acuerdo con la voluntad del Señor. Si hemos renovado realmente nuestra mente, y estamos caminando en compañerismo con el Señor, nuestros sentimientos y deseos empezarán a reflejar Su voluntad. Obviamente, debemos de ser cuidadosos en ese aspecto. Pero podemos decir, con toda seguridad, que si usted está caminando en rico y vibrante compañerismo con el Señor, su deseo de reconciliación puede muy bien revelar la voluntad de Dios con respecto a su relación.

Abra la puerta para el amor. La reconciliación es la puerta abierta del amor. El anhelo y la determinación de reanudar las relaciones le dicen a Dios y al ofensor: "Deseo amar otra vez".

La más grande declaración de lo que es el amor se encuentra en 1 Corintios 13:7 [El amor] "todo lo sufre, todo lo cree, todo lo espera, todo lo soporta". Y porque el amor siempre protege, usted debe ser cuidadoso de lo que le ocurre a la otra persona. Porque el amor siempre confía, usted debe estar seguro al renovar las relaciones con él. Porque el amor siempre espera, usted debe mirar más allá de las pequeñas disensiones y conflictos que siempre surgen en toda relación. Y porque el amor siempre persevera, su amor por la otra persona permanecerá invariable, no importa las cosas que sucedan.

El mensaje de esperanza de Dios para usted, es que usted pueda perdonar y amar otra vez en esas relaciones donde usted ha sido herido. Como usted perdona incondicionalmente al ofensor, y busca el consuelo de Dios para su dolor interior, está abriendo su corazón a la reconciliación. Y cuando usted confronta amorosamente al ofensor, y permanece abierto a la reconciliación, si el Espíritu Santo así lo dirige, está usted construyendo un puente para que ambos puedan amar otra vez.

Los principios que hemos expuesto en estos capítulos se aplican a todas las relaciones. Pero la relación matrimonial puede ser impactada más dramáticamente que todas en la aplicación de estas verdades. En el próximo capítulo, exploraremos algunas aplicaciones especiales para el perdón entre marido y mujer, y para la reanudación del amor conyugal.

15

Las demandas exclusivas del matrimonio

Jennifer y Larry protagonizaron un típico romance de película juvenil. Ella era la hermosa "cheerleader" —las chicas que dirigen los cantos y saludos en un juego de fútbol americano—. Él, el celebrado capitán del equipo. El magnetismo entre los dos era mayormente vista, popularidad y una fuerte dosis de hormonas. Cuando asistían a varias reuniones de la escuela o de la iglesia, siempre figuraban como el rey y la reina. En la superficie parecían tener todas las cosas en común.

Pero, detrás del escenario la joven pareja peleaba continuamente. Sus discusiones eran intensas, y a veces violentas. Los padres de Jennifer le hablaron varias veces acerca de este amor-odio que se tenían. La respuesta de Jennifer siempre iba de acuerdo con el temperamento con que amanecía cada día. Si andaba bien, bien; si andaba mal, mal.

Cada fin de semana, cuando Jennifer y Larry pasaban largos ratos juntos, se daban cuenta de las diferencias que había entre ellos. El domingo por la tarde se enredaban en dos o tres escaramuzas, y hablaban de terminar con sus relaciones. Pero el jueves ya habían tenido oportunidad de perdonarse uno al otro y amarse de nuevo.

Los padres de Jennifer estaban preocupados, decidieron no hacer nada por separarlos esperando que sus oraciones surgieran efecto y, los planes de su hija de irse a la universidad, pondrían fin a la dolorosa y turbulenta relación.

Cuando Jennifer y Larry se fueron a diferentes universidades, nadie esperaba que sus relaciones duraran más allá de un semestre. Larry jugaba fútbol mientras que Jennifer estaba ocupada en sus estudios de premédica.

En las Navidades del primer año universitario de la pareja, los padres de Jennifer pensaron que sus oraciones habían sido contestadas, pues la muchacha demostraba interés en otro joven de su clase. Cuando Jennifer llegó a su casa a disfrutar de sus vacaciones mostraba cierta excitación por las posibilidades de una nueva relación; pero pasados unos días en casa, como Larry también estaba de vacaciones comenzó de nuevo a verlo y así se fue debilitando la supuesta nueva relación con el joven que conoció en la clase. Por su parte la madre de Larry, quien lo había criado sola sin la ayuda del padre, llamaba muy a menudo a Jennifer, convenciéndola de que las relaciones con Larry habían sido realizadas por Dios.

Antes de que se terminaran las vacaciones de Navidad, Jennifer comenzó los planes para trasladarse hacia la universidad donde Larry estudiaba a pesar de la oposición de sus padres, quienes tuvieron fuertes opiniones contrarias acerca de ese traslado. Pero en Jennifer había vuelto a crecer la llama del amor hacia Larry y, tristemente sus padres sentían que estaban perdiendo a su hija.

El romance que había nacido en el preuniversitario se mantuvo vivo y llegó a través de los años hasta la universidad. Los padres de Jennifer, al mismo tiempo que se daban cuenta que su hija se apartaba de ellos, también discernían que continuaba la misma forma de relaciones de antes: pelearse el fin de semana y reconciliarse entre semana.

Durante las vacaciones del último año de sus estudios ambos jóvenes anunciaron sus planes de matrimonio. Los padres de Jennifer estaban confundidos, especialmente porque veían a su hija tan feliz. Ellos estaban seguros que existía algo sobre los enlaces en Navidad que lo hacía ver todo como una maravilla. El ultimo año fue un período difícil, lleno de preparaciones para el matrimonio, los estudios finales, el plan era la graduación primero y un mes después la boda.

Pasó el tiempo y llegó la graduación y seguidamente la boda. Aquella ceremonia estaba llena de esplendor y belleza dando a entender así, que era la voluntad de Dios aquel matrimonio. Larry con un entusiasmo tremendo comentaba a todos que se casaba con la novia de su infancia, y que se sentía muy enamorado. Pero lo que Larry no conocía era que una relación de noviazgo, no es lo mismo que de casados, que suceden cambios muy drásticos.

Pasados unos años y ya con dos hijos, Larry me llamó a la oficina para una consulta. Sus primeras palabras fueron: "Jennifer y yo peleamos todo el tiempo, las cosas se empeoran, estoy al punto de creer que necesito un espacio para mí solo, necesito mudarme. ¿Qué cree usted?"

Cuando le pregunté qué sucedía entre ellos, Larry me describió una escena muy común en muchos matrimonios. Jennifer era una madre joven, bajo mucha presión cuidando a dos niños pequeños, cuando él llegaba a su casa sentía el deseo de estar solo, simplemente le contentaba tirarse en la cama a leer el periódico o escuchar las noticias. Cada vez que Jennifer le pedía que hiciera algo, explotaba como una bomba y durante varios días se mantenía descontrolado con un malhumor horrible.

Pronto me di cuenta que Larry y Jennifer entraron al matrimonio pensando que el "Sí", dicho en la ceremonia y las campanas lo resolverían todo, pero tristemente no fue así; los problemas del noviazgo se intensificaron, trayendo al matrimonio nuevos conflictos, demandas y mayores presiones.

Dios creó la relación matrimonial para que sea única en la experiencia humana. El vínculo del matrimonio produce intimidad, una intimidad perfecta entre dos seres humanos. Al principio causa temor cuando se piensa que podemos ser rechazados, pero una vez que se pasa el temor, viene entonces la transparencia y descubrimos que no hay relación más maravillosa. Es en este tipo de unión divino como es el matrimonio, donde tenemos las mayores oportunidades de perdonar y comenzar a amar otra vez.

Escogiendo perdonar en el matrimonio

Perdonando ofensas repetidas. Cuando Jesús mencionó perdonar "setenta veces siete" debió haber tenido en cuenta los matrimonios. Cuando dos personas viven juntas, es natural que ciertas ofensas se repitan. Yo sé que usted tiene ya preparada una lista de cosas que hace su cónyuge, que le llevan a usted casi a la locura. Cada cónyuge tiene una serie de hábitos que los mantendrá toda la vida, no importa qué se diga o se haga en cuanto a ellos. Es importante reconocer que perdonarse el uno al otro las repetidas ofensas es esencial para la buena marcha del matrimonio.

El amor y el perdón hallan su prueba más grande, y disfrutan su más grande cumplimiento en el matrimonio. ¿Recuerda la historia de la prostituta arrepentida, que lavó los pies de Jesús con sus lágrimas y los secó con sus cabellos? (Lucas 7:36-50). Después de tal muestra de amor y respeto hecha por esta mujer, Jesús contó la historia de los dos deudores. Uno debía 500 denarios y el otro sólo 50. Ninguno de los dos estaba en condiciones de pagar la deuda, así que el acreedor los perdonó a los dos. Jesús hizo entonces la pregunta: "¿Cuál de los dos amará más al acreedor?" La respuesta obvia es que el hombre a quien se le perdonó más, será el que ame más.

El perdón genera el amor en su más completa forma. Cuando mucho se nos perdona, amamos mucho. Aunque Jesús tenía en mente la respuesta de nuestro amor a Dios por el gran perdón de los pecados, el principio se mantiene cierto a nivel humano. En el matrimonio, el repetido perdón por repetidas ofensas tiene que generar un amor cada vez más grande.

He conocido una cantidad de adúlteros y adúlteras que el amplio y generoso perdón de sus cónyuges produjo en ellos gran lealtad y devoción.

Un buen amigo cayó en la terrible trampa del alcoholismo. Este problema lo hizo finalmente poner de rodillas, y acudió a varios amigos en busca de ayuda, a mí inclusive. La honestidad y valor de este hombre haciéndole frente a su problema, significó para mí un desafío en mi caminar con el Señor. Pero lo que más me sorprendió fue la buena voluntad de su esposa en perdonarlo y animarlo. Ella se mantuvo al lado suyo en esas interminables noches de estupor e insomnio.

Un día mi amigo trató de sumarizar todo lo que su esposa había hecho perdonándolo y tolerándolo. Con lágrimas corriendo por su rostro, me dijo: "No sé cómo pudo ella amarme de esa manera. Le debo mi vida". Hoy en día, después de varios años de sobriedad, el amor de este hombre por su mujer es inmensurable.

Guarde cuentas breves. Cada matrimonio cristiano debería tener sobre su lecho el texto de Efesios 4:26, grabado en letras bien gruesas.

No se ponga el sol sobre vuestro enojo.

Quizá usted quisiera poner una versión parafraseada. "Perdone a su cónyuge, o acuéstese bien tarde". El mensaje es bien claro: No se vayan a dormir hasta haber limpiado bien cualquier basura que haya ensuciado el matrimonio durante el día.

La advertencia de tener cuentas breves nos es dada para que no demos lugar al diablo (verso 27). ¿Cómo puede el diablo tener un lugar en nuestro matrimonio? A menudo, muy sutilmente. Durante la cena su esposo hace un comentario que a usted la hace erizar. Usted no dice nada porque los chicos están presentes. Usted lo guarda para conversarlo más tarde, pero antes que se dé cuenta ya los dos están marchando a la cama.

La próxima cosa que usted ve es que su esposo está haciendo avances amorosos. Usted está todavía enojada por lo que él dijo en la cena, pero sabe que él no lo recuerda. Él se da cuenta de su indiferencia, y esto lo molesta, pero no dice nada. Simplemente se da vuelta para su lado y se duerme. Mientras tanto su adrenalina fluye, alimentada por su ira, y la mantiene despierta. Usted lucha por dormirse, pero halla que su ira —y su insomnio— crecen oyéndolo roncar.

Al día siguiente los dos despiertan sintiéndose un poquito vacíos. Usted no está segura por qué. Esa ira que no se resolvió viene a ser un umbral para el gran destructor de familias. Cada vez que usted falla en tratar con las ofensas, le permite a Satanás que extienda sus garras. Cuanto mejor agarre, más fácil le resulta separarles a ustedes dos.

Es por esto que la Biblia nos recomienda perdonar prontamente, especialmente antes que termine el día. Debemos mantener cuentas muy breves, o pagaremos un enorme precio por nuestra terquedad. Perdone diariamente.

Haga lo posible por mantener la unidad. El matrimonio es distinto a cualquier otra relación. Sólo en el matrimonio dos personas se forjan en una física, emocional y espiritual unidad. La falta de perdón estropea esta unidad en algún nivel. Las ofensas que no se aclaran estropean la unidad física. Se dan la espalda en la cama y cada uno se duerme por su lado. O uno de los dos se va a dormir al sofá. La falta de perdón interrumpe la unidad emocional: marido y mujer cesan de hablar. Lo peor de todo, la falta de perdón corta la unidad espiritual. Cesan de orar y leer juntos la Biblia, o continúan sus devociones haciendo el papel de hipócritas, pretendiendo que todo está bien entre los dos.

Si no hay perdón en el matrimonio, ustedes olvidarán adorar juntos. Jesús nos advirtió no dejar la ofrenda en el altar si recordamos que estamos en enemistad con alguno (Mateo 5:23-24). Pablo instruye a la iglesia a examinarse cada uno a sí mismo antes de tomar la Santa Cena (1 Corintios 11:27-29). Esta examinación propia incluye las relaciones horizontales, especialmente la relación matrimonial. Si su matrimonio está en desorden, su capacidad de crecimiento espiritual está en peligro.

Una revelación muy clara de esta verdad la hallamos en 1 Pedro 3:7. Mientras los primeros seis versículos de este capítulo revelan las muchas maneras que una buena mujer tiene para ganar a su marido para el Señor, el verso 7 se dirige súbitamente al marido:

> *Vosotros, maridos, igualmente, vivid con ellas sabiamente, dando honor a la mujer como a vaso más frágil, y como coherederas de la gracia de la vida, para que vuestras oraciones no tengan estorbo.*

Un marido tiene que comprender el modo como Dios hizo a la mujer, y tratarla consideradamente, porque ella comparte con él la gracia de la vida, y es coheredera con él de las cosas de Dios. ¿Qué sucede si el hombre falla en hacer esto? Sus oraciones son impedidas. Si un marido no trata a su esposa apropiadamente, no deber volver a orar, o si ora, sus oraciones serán rechazadas en el trono de la gracia.

La unidad del matrimonio depende de que cada uno sepa perdonar a su cónyuge, restaurando así, continuamente, su único compañerismo. El acto de perdonar es un modo maravilloso de experimentar la gracia de Dios, extendiendo el uno al otro lo que Dios, graciosamente, ha extendido a ambos.

Aprendiendo a amar otra vez
en el matrimonio

El perdón se requiere en todas nuestras relaciones, pero la confrontación y la reconciliación dependen de las circunstancias y la guía del Espíritu Santo. El matrimonio es la excepción. Dios ha creado la unidad perfecta del matrimonio, y por eso se requiere que marido y mujer no sólo se perdonen todo, el uno al otro, sino que sigan todos los pasos pertinentes para asegurar la reconciliación.

Cuando usted se casó por primera vez, sus emociones volaban alto. No hubo nada más excitante que el día de la boda, que fue seguido por una maravillosa luna de miel. Romance, pasión y celebración lo escoltaron a usted y a su esposa porque ambos estaban profundamente enamorados. Pero una vez que se estacionaron, las emociones cambiaron. El romance fue sobrepasado por la ira, y la pasión por la pena.

Ya hemos escuchado la bíblica amonestación de cuidar nuestro corazón cuando perdonamos a otro y buscamos la reconciliación. La necesidad de cuidar nuestro corazón es especialmente aguda en el matrimonio porque siempre esperamos mucho del matrimonio, lo máximo, y eso nos hace vulnerables. Esperamos que el romance continúe como en las películas, pero no es así. Esperamos que todas las noches sean de pasión; pero la pasión viene y se va. Si no perdonamos y fallamos en amar otra vez, nos damos cuenta que nuestra relación entra en bancarrota emocional. El matrimonio puede sobrevivir muchas tensiones y presiones exteriores, pero pocos matrimonios sobreviven a la muerte emocional. El perdón, la reconciliación y el esfuerzo mutuo para conservar la esencial unidad son imprescindibles para mantener una buena salud emocional.

Confrontarse el uno al otro en forma gentil y amorosa. Aquellos que conocen a mi esposa, reconocen su espíritu dulce y gentil. Asumen que yo sigo felizmente mi camino, y que Teri siempre me responde con un corazón sumiso y servicial. Ella tiene ciertamente un corazón servicial y un espíritu amoroso, pero eso no significa que siempre pasa por alto algo que debe ser corregido.

Teri me ha confrontado con amor muchas veces, pero nunca atenúa sus palabras. Me ha confrontado en mi lucha por mantener mi compostura de ánimo. Me ha reprendido por cosas que he hecho que la ofendieron a ella o a los chicos. Aunque nunca me ha gustado que me reprendan, la forma dulce y amorosa en que ella lo hace, y siempre con razón y amor, ha sido para mí una fuente de bendición. En efecto, su espíritu dulce y gentil hace que sus palabras de reproches sean difíciles de ignorar. No es su costumbre echarme un sermón cada día, así que, cuando me habla, yo siempre la escucho.

El matrimonio demanda responsabilidad de cada uno delante de Dios. La buena voluntad de confrontarse el uno al otro es la primera línea de defensa contra cualquier intento de alejamiento de Dios. Si el marido ve que su esposa ignora las disciplinas espirituales, tendrá que ver cómo la anima a cambiar. La esposa que ve a su marido exasperando a los hijos con regaños injustos, tiene que hablar con él aparte y hacerlo entrar en razón.

Siempre deben confrontarse gentil y amorosamente y con recta razón el uno al otro, y hay que hablar claro cuando algo necesita ser corregido. Si el marido y la mujer se aman verdaderamente, no deben permanecer silenciosos cuando él o ella están haciendo algo que pone en peligro el matrimonio, la familia o la causa de Cristo.

Se requiere reconciliación. En algunas otras relaciones es posible permitir un espacio de tiempo entre el perdón y la reconciliación. En muchos tipos de relaciones, entre hermanos, entre parientes, amigos, etcétera, naturalmente hay intervalos a veces grandes en que no hay tratos. Esos intervalos nos permiten pensar y meditar y prepararnos emocionalmente para un encuentro y reconciliación.

Pero en el matrimonio tenemos diferentes requerimientos. El matrimonio supone vivir juntos continuamente. En la primera carta de Pablo a los Corintios, capítulo 7, versos del 1 al 5, tenemos instrucciones sobre cómo vivir juntamente. Se prescribe la "comunión de cuerpos" —relación sexual— como cosa buena y conveniente. Una separación corporal se permite sólo para ocuparse en la oración. Como el matrimonio no es una relación casual y temporal, sino algo que debe durar toda la vida, debemos hacer todo lo posible, marido y mujer, para estar en paz el uno con el otro. Debemos mantener una clase de relación que refleje la unidad, perfecta, amorosa y espiritual de Cristo con Su iglesia.

La reconciliación en el matrimonio significa estar continuamente consagrado a la intimidad, unidad y comunión divina. Habrá veces cuando ambos necesiten un poco de retiro para tratar problemas serios. Entonces es conveniente buscar un buen consejero espiritual. Pero que sea un consejero de profundas convicciones cristianas, fundado en la Biblia y guiado por el Espíritu Santo. El mandamiento de Dios a las parejas casadas es reconciliarse siempre el uno al otro. Hagan los dos, cualquier cosa al alcance para lograr que el matrimonio sea como Dios quiere.

Enseñen el perdón, y sean un modelo de él, delante de los hijos. Si su matrimonio ha sido bendecido con hijos, usted se dará cuenta que deben vivir ellos en el mejor de los hogares. Las hostilidades abundan por desgracia, y los hijos habrán de experimentar golpes y heridas emocionales, a veces graves, dentro del mismo hogar. Una de las mejores herencias que podemos dejar a nuestros hijos es un espíritu de perdón, enseñado de palabra y ejemplificado en los hechos.

Usted tiene varias oportunidades para ejemplificar el perdón. Use las mismas acciones de los chicos para que aprendan a no conservar un registro de acciones malas. Requiérales que pidan y extiendan el perdón. Quizá lo hagan apretando los dientes, pero con todo y eso, sabrán lo que deben hacer en caso de conflictos.

Aplicar estas verdades en medio de las escaramuzas de los chicos es esencial, pero su impacto es meramente nominal, comparado al modelo de perdón de padre y madre como esposos —no se puede decir al hijo: "¡perdona a tu hermanito!" cuando usted no ha perdonado a su marido—. Los hijos necesitan ver que el padre y la madre se aman lo suficiente como para perdonarse el uno al otro cada falta. Y cuando ustedes dos se perdonan siempre les brindan a los hijos un gran sentido de seguridad. La capacidad de perdonarse siempre es un gran estabilizador del hogar.

La relación matrimonial tiene un carácter único, y así es la aplicación de la confrontación, el perdón y la reconciliación. El perdón debe ser probado hasta sus últimos límites entre marido y mujer. La confrontación debe ser hecha con el máximo de cuidado. Y la reconciliación de buscarse y hacerse en la más grande medida. ¿Desea usted poner esto a prueba? ¡Adelante! Haga lo que la Biblia dice: Confíe en Dios y deje que Él actúe.

Deseo terminar con una oración por los matrimonios que escribió el doctor Louis H. Evans. Su esposa, gentilmente, me ha dado permiso para compartirlo con ustedes.

Oh Dios de amor, Tú has establecido el matrimonio para el cuidado y la felicidad de la humanidad. Tuyo es el plan, y solamente contigo puede realizarse con alegría. Tú dijiste: "No es bueno que el hombre esté solo. Le haré una ayuda idónea para él". Ahora nuestra alegría es doble, porque la felicidad de uno es la felicidad del otro. Ahora nuestras cargas son más livianas, porque las compartimos entre los dos.

Bendice este marido. Bendícelo como al proveedor del alimento y el vestido, y sosténlo en todas sus luchas y aflicciones, en su lucha por la vida. Que su fortaleza sea la protección de ella, su carácter su honra y orgullo, y que pueda él, vivir de tal manera que ella halle en él el refugio que su corazón de mujer siempre ha anhelado.

Bendice esta amorosa esposa. Dale la ternura que él necesita para sentirse grande, un sentido profundo de comprensión y una gran fe en Ti. Dale a ella esa belleza interior de alma que nunca se desvanece, esa eterna juventud que se halla en sostener las cosas que nunca envejecen.

Enséñales que el matrimonio no es simplemente vivir juntos; son dos personas uniendo y juntando sus manos para servirte a Ti. Dales un gran propósito espiritual en sus vidas. Que busquen primeramente el reino de Dios y su justicia, y todas las demás cosas les serán añadidas.

Que no esperen ellos la perfección de cada uno pues ésta pertenece sólo a Ti. Que sepan minimizar las debilidades de uno y otro, ser rápidos para alabar y magnificar las virtudes de fortaleza y donaire que el otro tiene, y que se vean el uno al otro a través de los ojos de la bondad, la paciencia y el amor.

Ahora, dale a cada uno las asignaciones que están escritas en el rollo de Tu voluntad, y bendícelos grandemente y desarrolla sus caracteres mientras caminan juntos con seguridad. Dales suficientes lágrimas para que se mantengan unidos, muchas heridas para que se mantengan humanos, suficientes fracasos para que mantengan sus manos estrechamente unidas en Ti, y suficientes éxitos para que estén seguros que siguen caminando con Dios.

Que nunca tomen el amor del uno para el otro como una garantía concedida, pero que siempre experimenten esa sobrecogedora maravilla que exclama: "De toda la gente de este mundo, tú fuiste elegido para mí".

Cuando la vida se esté acabando, y sea ya la puesta del sol, que puedan ellos verse como están ahora, las manos estrechamente unidas y todavía dando gracias a Dios el uno por el otro. Que puedan ellos servirte felizmente, fielmente, juntamente, hasta que el fin ponga a uno o al otro en las manos de Dios.

Esto lo pedimos por medio de Jesucristo, el gran amante de nuestras almas. Amén.

Notas

Capítulo 3 —No acepte substitutos

1. Susan Forward, *Toxic Parents* (New York: Bantam Books, 1989).

2. David Augsburger, *Caring Enough to Forgive* (Ventura, CA: Regal Books, 1981).

3. Maureen Rank, *Dealing with the Dad of Your Past* (Minneapolis: Bethany House, 1990), p. 84.

Capítulo 4 —Los peligros de no perdonar

1. Neil T. Anderson, *The Bondage Breaker* (Eugene, OR: Harvest House Publishers, 1990), p. 194. (Publicado en español por Editorial Unilit con el título: *Rompiendo las cadenas.*

2. Charles R. Swindoll, *Stress Fractures* (Portland, OR: Multnomah Press, 1990), pp. 206-207. (Publicado en español por Editorial Unilit con el título: *El estrés.*

3. Malcolm Boyd, "Familial Mixed Blessings", *Modern Maturity* (abril-mayo, 1991), p. 78.

Capítulo 5 —El modelo del verdadero perdón

4. "Dear Abby", *Dallas Times Herald,* octubre 9, 1988.

Capítulo 7 —¿A Dónde debe ir usted para perdonar?

1. Corrie Ten Boo, *Tramp for the Lord* (Fort Washington, PA: Christian Literature Crusade, Inc., y Old Tappan, NJ: Fleming H. Revell Company, 1974), pp. 182-183.

Capítulo 8 —Záfese usted mismo del aprieto

1. Neil T. Anderson, *Victory Over the Darkness* (Ventura, CA: Regal Books, 1990), adaptado de las pp. 45-47. (Publicado en español por Editorial Unilit con el título *Victoria sobre la oscuridad.*

Capítulo 9 —¿Necesita usted perdonar a Dios?

1. Jerry Bridges, *Trusting God Even When Life Hurts,* (Colorado Springs, CO: NavPress, 1988), p. 25.

2. Leith C. Anderson, *Making Happiness Happen* (Wheaton, IL: Victor Books, 1987). Vea pp. 96-99 para una discusión completa acerca de Job.

3. Charles R. Swindoll, *Growing Strong in the Seasons of Life* (Portland, OR: Multnomah Press, 1983), adaptado de la p. 92.

Capítulo 10 —Manteniendo un corazón perdonador

1. Merrill F. Unger, *What Demons Can Do to Saints* (Chicago: Moody Press, 1991), p. 56.

2. Traducción expandida siguiendo el pensamiento de R.C.H. Lenski, *The Interpretation of St. Paul's First and Second Epistles to the Corinthians* (Minneapolis, MN: Augsburg Publishing House, 1937), pp. 1195-1210.